Ueber die Prinzipien

der

rheinisch-westphälischen Kirchen-Ordnung

und

Ueber die rechtliche Bedeutung

des

Art. 15 der preußischen Verfassungs-Urkunde.

Zwei Vorträge

gehalten auf der Bonner Pastoral-Conferenz

am 2. Juli 1862

von

A. Wolters,
Pfarrer zu Bonn

und

H. Achenbach,
Professor der Rechte zu Bonn.

Bonn,
bei Adolph Marcus.
1862.

Ueber die Prinzipien

der

rheinisch = westphälischen Kirchen = Ordnung

und

Ueber die rechtliche Bedeutung

des

Art. 15 der preußischen Verfassungs-Urkunde.

Zwei Vorträge

gehalten auf der Bonner Pastoral-Conferenz

am 2. Juli 1862

von

A. Wolters,
Pfarrer zu Bonn

und

H. Achenbach,
Professor der Rechte zu Bonn.

Bonn,

bei Adolph Marcus.

1862.

Ueber

die Prinzipien der rheinisch-westphälischen Kirchen-Ordnung im Verhältniß zu neueren Organisations-Versuchen anderer evangelischer Landeskirchen;

von

A. Wolters.

1. Gemeinde. Kirche. — Schon Luther rügte es, daß das „blinde" Wort Kirche das deutliche Wort Gemeinde oder Gemeinschaft, das unbiblische Wort das biblische und damit zugleich ein unbiblischer Begriff den biblischen verdrängt hat. Sowohl der Sprachgebrauch wie das durchschnittliche Denken des Volks hat höchstens sich dazu verstanden die Einzelgemeinde mit dem neutestamentlichen Namen der Gemeinde zu bezeichnen; die Summe der demselben Bekenntniß folgenden Gemeinden aber heißt ihm nach wie vor in blindem Wort: Kirche. Und doch steht es nach Gottes Wort so, daß der Herr eine Gemeinde sich gestiftet, und dieser Gemeinde organische Theile mit demselben Worte Gemeinden genannt werden, weil sie theilweise zwar, aber in vollkommener Weise lebendige Wiederholungen und Darstellungen der Gesammtgemeinde sind. Der Herr hat „auf diesen Felsen seine Gemeinde" die große, gebaut (Mth. 16); der Einzelgemeinde wiederum, weil sie des Lebens theilhaftig ist was den Pforten der Hölle trotzt, den Auftrag gegeben die Sünder zu vermahnen (Mth. 18, 21). Er ist gesetzt zum Haupt der großen Gemeinde (Eph. 1, 22), sein Leib ist diese große Gemeinde (Col. 1, 24); und wiederum setzt er zu Ephesus, wo eine „Gemeinde Gottes" ist, über sie Hirten (act. 20, 28) und läßt durch den

Apostel die Gemeinden Galatiens grüßen (Gal. 1, 1). Die Einzelgemeinde ist das verjüngte Abbild der Gesammtgemeinde; diese wiederholt sich in ihren Gaben und Aufgaben in jener.

Nicht zufällig trägt in der Schrift die Gesammtgemeinde denselben Namen den die Einzelgemeinde führt (ἐκκλησία). Daß die wesentliche Gleichheit beider bezeichneten Gemeinschaften die Gleichheit ihrer Benennung bedingt beweist auch das neutestamentliche Bild vom Tempel Gottes. Denn hier erscheint auch wieder das eine Mal die Gesammtgemeinde als heiliger Tempel, und die Epheser werden erinnert daß sie mit in ihn eingebaut sind (Eph. 2, 21); das andre Mal wird die Einzelgemeinde zu Corinth als dieser Tempel Gottes angeredet (1 Cor. 3, 16).

Die Gemeindeglieder sind eben ihre Glieder; auch Glieder Christi. Er ist das Haupt der Einzelgemeinde in der die Einzelnen organisch eingefügte Gliedmaaßen sind; er ist das Haupt der großen Gemeinde. Nicht in ihrer Vereinzelung rettet der Herr die Menschen. Ist sein Ziel selig zu machen was verloren ist, so ist es eben so sehr, ja deshalb, das: „sich darzustellen eine Gemeinde" (Eph. 5, 27). Er gibt Geistesgaben den Seinen aber nicht für sie sondern für das allgemeine Wohl (1 Cor. 12, 7). Nur darin entfaltet der Einzelne seine Kräfte und dadurch erreicht er das ihm mögliche Maaß der Seligkeit, daß er sein Leben ausgestaltet in Bezug auf die Brüder (Col. 2, 19). So ist je ein Glied in seiner Bedürftigkeit (1 Cor. 12, 23) wie in seinem Segen auf das andere und auf die anderen alle angewiesen. Das Christenleben vollendet sich in der Gemeinde, im Gemeindeleben Allen Christen gilt aller Orten das Wort „ihr seid (in der Gesammtheit) der Leib Christi und (einzeln) Glieder." (1. Cor. 12, 27).

2. Sichtbare und unsichtbare Kirche. — Wenn die vom Herrn gestiftete geordnete Gesammtheit, die Gemeinde (die Kirche) als aus Gliedern an dem Leibe Jesu bestehend zu denken ist, so ist es unmöglich von sichtbarer und unsichtbarer Kirche als von zwei verschiedenen Subjekten zu reden. Die eine muß irgendwie auch die andere sein. Adolph Clarenbach sagte treffend: die Kirche sei kein Monstrum mit zwei Köpfen; sie ist eben so wenig

eins mit zwei Leibern. Die Gesammtzahl der Erwählten als unsichtbare Kirche, dieselbe erweitert durch Hinzunahme der Gottlosen (empirische Kirche) als sichtbare Kirche zu denken hat Zwingli begonnen, damit die noch nicht zum Glauben gekommenen Erwählten (Augustin vor seiner Taufe ꝛc.) zugleich als Glieder der unsichtbaren und sichtbaren Kirche gefaßt, also auch seine sichtbare wieder unsichtbar gemacht. Die Apostel nennen in derselben Zeile die Christen Geheiligte und berufene Heilige (1 Cor. 1, 2). In diesem Sinne ist die Kirche die Gemeinde (Gemeinschaft) der Heiligen. Daß sie da sei, irgendwo da sei [1]) beweist die rechte Predigt des Wortes und die rechte Verwaltung der Sacramente. In Bekenntniß, gottesdienstlicher Feier und Liebesübung tritt sie in der Reihe der ethischen lebengestaltenden Mächte sinnlich erkennbar auf. Sie ist, so weit sie auf Erden erscheint, überall und immer im Werden begriffen. Gottes Reich ist der Gährung bewirkende Sauerteig, nicht der Teig (Math. 13, 33).

Die (Lokal-) Einzelgemeinden in sich organisirt (Apg. 20, 17; 13, 1) und so nach außen abgegrenzt können nun im Lauf der Entwickelung und Ausbreitung des Christenthums je nach ihrer nationalen Eigenthümlichkeit zu Provinzial- oder selbst Volkskirchen, oder nach ihrer inwendigen Eigenthümlichkeit, die auf besonderer Fassung der Lehre beruht, zu eigenartigen Verbänden (Kirchen) sich sammeln (und so rheinische, sächsische, evang. Kirchen; katholische, evang. Kirchen entstehn): immerhin bilden nach biblischer Anschauung die so gesammelten großen Einheiten in ihrem Zusammenhang die über die Erde verbreitete Kirche Jesu, als irdische Offenbarung, Gestaltung und Verkörperung der Gemeinde des Herrn.

---

1) Es ist etwas noch nicht schlechtweg als „sichtbar" zu setzen, dessen Dasein, dessen Vorhandensein aus sichtbaren Merkmalen erkennbar ist. Die reformatorischen Symbole nennen Predigt und Sacrament nicht etwa nur als ausschließliche Eigenschaften der Kirche, sondern auch als Merkmale, als Kennzeichen, an welchen sie von dem was nicht Kirche ist zu unterscheiden sei. — Der Streit, ob die unsichtbare oder die sichtbare Kirche das prius sei, ist vielfach nur eine moderne Wiederholung des scholastischen Zanks der Nominalisten und Realisten.

Ist irgendwo Gemeinde (die Kirche) da, so soll sie nach des Herrn Willen da sein nicht in vereinzelten Menschen sondern eben als Gemeinde (zunächst Einzel-Gemeinde).

Hier ist der Punkt, an dem der Strom der Reformation in seine zwei großen Arme sich getrennt hat. In Beziehung auf Verfassung ist, so weit wir von lutherischer Kirche reden können, mehr die Gewißheit und Uebung der Seligkeit des Christen in seinem eigenen Leben vor dem Herrn: so weit wir sie als reformirte zu bezeichnen pflegen, mehr die Gewißheit und Uebung seiner Seligkeit im Leben der Gemeinde des Herrn betont.

Der Unterschied beider Richtungen ist nicht nur aus ihren Erfolgen zu sehen, da allmählig einerseits rein staatliche Consistorien, andererseits rein kirchliche Synoden sich ausbilden konnten,[2]) sondern tritt gleich zu Anfang so bewußt hervor, daß wenn das Augsb. Bekenntniß mit den dogmatischen Merkzeichen der einen heiligen Kirche — reiner Predigt und evangelischen Sacramenten — sich begnügt, der Emdener Katechismus (Fr. 51) schon die wahre, durch alle Welt zerstreute Gemeinde Jesu erkennt an reiner Predigt, rechten Sacramenten und an der Kirchenzucht der Gemeinden.

Es ist oft genug beklagt, daß, da die Reformation in Deutschland für den Begriff der Kirche als der vom Herrn gestifteten und geleiteten G e m e i n d e d e r H e i l i g e n vom ersten Anfang an wieder Geltung forderte, sie nicht in demselben Maaße als sie dieses that auch die Bildung von Gemeinden betrieb: wenn es auch zu verstehen ist, daß Luther in den Stürmen welche Herr Omnes erregte, dem durch lange Verwahrlosung gründlich verwilderten Volk die christlich-sittliche Kraft, welche die Gemeindebildung voraussetzt, noch nicht zutraute, und auf die Zukunft hoffte. Es ist aber eben so sehr zu beklagen, daß in der späteren Verkümmerung der Reformation und dem fast überall wuchernden Territorialismus ihr verwehrt war aus den Parochieen Ge-

---

2) Kursachsen (Kurfürst August 1580) hob selbst die vorhandenen Synoden auf während sie von den ref. Gemeinden unter katholischen Fürsten heimlich eingerichtet wurden.

meinden zu bilden.[3]) Die für Luthers Nachfolger sich hielten und seine Mängel gelegentlich wohl auch als Tugenden verfochten, haben vergebens einen Theil des Gemeindelebens, die Selbstzucht (die Kirchenzucht) der Gemeinde durch eine von den Pfarrern geübte Zucht zu ersetzen gesucht, als, um mit den Worten eines geistvollen lutherischen Pastors zu reden[4]) „die Erbitterung gegen die guten Werke und der Mißbrauch der Satisfactionslehre häufig zu einem Zechen auf die Kreide Christi führte was den Hirten ihre Heerden antideluvianisch erscheinen ließ:" und je mehr die aus alter Zeit überkommene Meinung von einem besonderen Gnadenstand der Geistlichen im christlichen Volksbewußtsein verblich, desto vergeblicher sind bis heute die Seufzer nach den Zeiten des h. Ambrosius, vor dem ein Kaiser sich beugte, und die Versuche gewesen, den Mangel eines Gemeindebegriffs durch Anspannung des Amtsbegriffs unschädlich zu machen.

3. Verfassung. — Wenn die Lutherische Reformation es meist zu keiner durchweg evangelisch verfaßten Kirche gebracht hat, so liegt dies zumeist daran, daß sie von Anfang gehindert keine Gemeinden bildete.[5]) Die Versuche Synoden herzustellen waren eben deshalb unfruchtbar. Eine evangelische Synode ohne Gemeinden ist machtlos. Andererseits hat darum die reformirte Hälfte der evang. Kirche nicht nur in der Verfolgung ausdauern, sondern organisch sich entwickeln und sich erhalten können weil sie gemeindebildend überall auftrat. Man darf sagen, daß anfänglich auf

---

3) „Was sich nicht in Abrede stellen läßt ist, daß die lutherische Consistorialverfassung die Pfarr-Gemeinde völlig (!) zurückdrängt. v. Scheurl, zur Lehre vom K. reg. S. 106.

4) Wilkens, Tileman Heßhusius S. 28.

5) „Die deutschen Reformatoren schrieben keineswegs dem Landesherrn das Kirchenregiment als solches sondern nur einen besonderen Beruf für dasselbe zu. Es ist die Kirchenpflege oder das Majestätsrecht, die Schutzherrschaft, und zwar eine in evang. Weise nach eigenem Urtheil zu übende, was ihre Vorstellung bewegt. Theils aus Unklarheit theils durch die Noth der Lage ging dieses dann über in ein wirkliches Kirchenregiment." Stahl, Kirch. Verfassung S. 435.

beiden Gebieten die Neigung zur wirklichen Synodalverfassung in gleicher Kraft bestand. Was unser Vaterland angeht, so sind (wie Dove nachgewiesen Ztschr. II. II. 1862.) im Herzogthum Preußen (bis 1587), der Mark Brandenburg, den schlesischen Fürstenthümern, den sächsischen Ländern, Pommern (bis 1593) und Großpolen (1570) so gut Synoden gehalten wie in den reformirten Theilen unserer westlichen Provinzen; aber sie sind dem Territorialismus, den Consistorien erlegen, weil sie, ohne Gemeinden, zu zufälligen Versammlungen der Geistlichen herabsanken, weil diese „regierenden" Diener der Gemeinde, nachdem sie das Amt des letzten Bischofs in ihrer Kirche zu Königsberg dadurch begraben hatten, daß sie dem Fürsten (Georg Friedrich von Brandbg.) solch Amt als zu groß für der Menschen Schwachheit ausriefen, nun es erleben mußten daß ihre „Synoden als mehrmals mit großem Aergerniß, Nachtheil und Schaden der Kirche gehalten" vom Fürsten aufgehoben wurden.

4. Parochie. Gemeinde. — Das Mittelalter kannte und die katholische Kirche kennt bis heute nur Stiftungen, nur local abgegrenzte Parochieen, nicht Gemeinden. Selbst durch verlorene Prozesse ist der Irrthum gebüßt, ein Beschluß des kathol. Priesters und seines sogen. Kirchen- oder Gemeinderathes sei als solcher schon bindend. Hier gibt es keine Gemeinde, darum auch keine Gemeindevertretung. Der Pastor ist Nutznießer, der Bischof Besitzer der zum Zweck der Seelsorge in der Parochie bestehenden Stiftungen. Auf evangelischem Gebiet finden sich noch vielfach analoge Verhältnisse: der Pfarrer wird in die Nutznießung der Pfarrgüter eingewiesen und ist der Seelsorger der Hunderte einzelner Parochialeingesessenen. Besitzer der Güter ist der Patron oder die kirchlich-staatliche Behörde; die Parochieen, die Kirchspiele sind dann auch hier räumlich abgegrenzte Haufen, von einer geistlichen Person kirchlich bedient. Nun ist aber doch der ev. Christ nicht zum Empfangen nur, er ist zum Handeln, zur Mitarbeit, zum Geben allüberall berufen. Diese allgemeine Berechtigung und Verpflichtung constituirt freilich keine bestimmten Einzelrechte und Pflichten: sie entstehen erst und nur aus der Aufgabe der Gemeinde,

aus dem ihr gesteckten Ziel, das handelnd erreicht werden soll. Es ist bemerkt worden, daß eine ev. Kirchen-Ordnung diese Aufgabe der Gemeinde klar bezeichnen müsse [6]), damit aus ihr alsdann die gemeindlichen Rechte und Pflichten derjenigen, in welchen sie ihren organischen Ausbau zur Verwirklichung dieser Aufgabe vollzieht ersichtbar würden. Dagegen müssen wir darauf bestehen, daß der Zweck der evang. Gemeinden zuerst Selbstzweck ist und nur darum in keiner K.-Ordn. besonders benannt ward. Die Gemeinde hat die Aufgabe eben nur vollkommene, wirkliche Gemeinde zu sein, und darin daß sie sich als solche darstellt sowohl an den Einzelnen ihrer Glieder als für die Offenbarung des Reiches Gottes in der Welt ihre Aufgabe erfüllt.

5. Rheinprovinz. — Unsere Provinz — von Westphalen gilt wesentlich dasselbe — aus vieler Herren Ländern gebildet, zeigt in Bezug auf Verfassung der über sie ausgebreiteten evangelischen Kirche in den ursprünglichen Rechtsverhältnissen die bunteste Mannigfaltigkeit. Die rheinische Kirche beschließt seit der K.-Ordn. von 1835, völlig gleich behandelt und durch sie regiert, zunächst die beiden großen Hälften der Reformirten und Lutheraner in sich. Hatten die Letzteren auch (wie in Polen) die Synodalverfassung der Reformirten nachgeahmt, so konnte sie sich doch nicht entwickeln, und verschiedene Traditionen, verschiedene Anschauungen beherrschten sie. In einer Ecke unsrer Provinz hatten die Lutheraner, wieder in einer anderen die Reformirten die Herrschaft geübt. Hier ließ der Landesherr beide schalten, dort jagte er beide — noch zur Zeit der Aufklärung — aus dem Land. Hier hatte man frei sie sich bewegen lassen wie Vögel in der Luft, dort hatte ihnen das Schwert des Henkers gedroht. Sie waren Unterthanen von nicht weniger als zwei und achtzig (!) Reichsstädten, Reichsunmittelbaren Herrschaften, Kurfürsten, Königen, Fürstenthümern, Herzogthümern, Graffschaften, Bisthümern, Abteien gewesen. Gemeinden und aus diesen hervorgegangene Synoden gab es reformirter Seits in

---

6) Herrmann, die sächs. Landeskirche. Dove's Z. S. I. 1. S. 47.

Cleve, Jülich, Berg, Mark, u. s. w.[7]) bis die Fremdherrschaft und ihre organischen Artikel den Unterpräfekten zur mächtigsten kirchl. Persönlichkeit erhoben, den guten alten Organismus vernichteten[8]) und eine durchaus neue, willkürliche Verfassung der Kirche als sogenannten „Consistorialkirche" gaben (bis 1815). Wo diese Artikel nicht publicirt wurden (Berg) lag das Joch der Willkür der Fremdlinge gleich schwer auf den Gemeinden. Preußens Occupation der neuen rheinisch-westphälischen Lande zugleich mit der Wiedereinnahme der früher schon (seit 1612) besessenen niederrheinischen Gebietstheile brachte nur provisorische, an die vor der Etablirung der fremdherrschaftlichen Consistorialkirche bestandenen Verhältnisse anknüpfende, theils synodale theils consistoriale Anordnungen hervor. Die Synode Mark wurde, der politischen Theilung der Provinzen gemäß, zur westphälischen Kirche geschlagen (1815). Das Cölner (später Coblenzer) Consistorium repräsentirte ausschließlich die Gesammtkirche der Lutheraner und Reformirten im ganzen Rheinland. Die erste Synode ward zu Duisburg 1818, die zweite zu Elberfeld 1820, die dritte zu Cöln 1830 gehalten und hier die Agende als gemeinsame Gottesdienstordnung

---

7) Und zwar so, daß anfänglich die Gemeinden nach der Londoner Kirchenordnung von a Lasco (von 1550) sich richteten (vgl. Aachener Syn. 1584. §. 9) bis zu den Synoden von Wesel und Emden (1568. 1571), dann in freiester Weise durch Synodalschlüsse ohne Concurrenz irgend einer Behörde sich selbst regierten bis zur Lösung der Genossenschaft mit der holländ., franz. und engl. Kirche und bis zur General-Synode von Duisburg (1610); dann nach der von dieser aufgestellten „Weise der Kirchenregierung" bis 1662, und von da ab nach der von der Synode entworfenen und durch den Churfürsten bestätigten „Kirchenordnung" bestanden haben.

8) Die alten Einzelgemeinden versuchten als solche trotz der Artikel fortzubestehen und retteten sich so in bessere Zeit hinüber (vgl. Ev. Gem.-Blatt 1862, No. 13, S. 208). Man tröstete sich damit, daß die Artikel die frühere K.-O. nicht untersagt hätten! Als aber in einem Specialanfall eine Consistorialkirche frei öffentlich der alten Clevischen Ordnung gemäß verfuhr, erklärte der Präfekt dies Benehmen für ungesetzlich. Jacobson Urk. S. 791. — Die Artikel bei Walter, Fontes iuris eccl. Bonnae 1862; auszugsweise bei Jacobson u. a.

angenommen; worauf die Kirchenordnung vom 5. März 1835 in alle Gemeinden beider Provinzen, gleichviel ob sie früher schon, vor der Fremdherrschaft, synodal verfaßt gewesen waren oder nicht, die jetzt bestehenden Verfassungs-Verhältnisse einführte.

6. Die Kirchen-Ordnung. — Sie gab gegenüber den bestehenden organ. Artikeln offenbar mehr und Besseres als die Evangelischen hatten; sie gab zunächst statt der zufälligen Haufen von je 6000 Protestanten die Gemeinden wieder. Aber sie gab auch sonst in vielen Bezirken den Evangelischen mehr als sie je gehabt hatten: Presbyterien und Synoden. Erscheinen ihre Bestimmungen für die Verwaltung und Ordnung der ev. K. nicht ausreichend (und wer mag ihre Mängel verkennen?) so scheint mir doch das ungünstige Urtheil über sie nicht darauf zu beruhen, daß man sie an früher bestandenen Verhältnissen, sondern darauf daß man sie an den Ansprüchen mißt, welche wir an eine Verfassung der ev. Kirche zu stellen ein wissenschaftliches, biblisches, christliches, ein evangelisches Recht zu haben glauben. Denn Anderes zu übergehn, wenn wir die K.-O. mit den vor der Fremdherrschaft bestandenen Zuständen der am besten verfaßten, von Presbyterien und Synoden organisch geleiteten clevischen rc. Kirche vergleichen, so will ich der Wahrheit die Ehre gebend gern bekennen, daß unsre K.-O. die Kirche mehr in Ruhe läßt als die dort bestandene alte Verfassung es that.[9]) Ich übergehe, daß die brandb. Fürsten (1661, 7. Sept. Jacbs. S. 179) ein ius episcopale aller Unterthanen — auch der Katholiken, ja grade mit besondrer Rücksicht auf sie beanspruchten: wichtiger ist, daß unsre Väter dies ius in gerütteltem und geschütteltem Maaß sich haben in den Schooß geben lassen.[10]) Nicht ob es bestanden habe, nur die Frage kann hier offen

---

9) Selbst v. Oven (a. a. O.) gibt zu, das Synodalwesen sei im 18. Jhdt. schon einerseits vernachlässigt andrerseits nicht geschont worden.

10) Und will nur daran erinnern, daß Johann Sigismund wie König Ludwig XIII. von Frankreich die reformirten Theologen seiner Lande nicht auf die Dortrechter Synode (1618/19) gelassen und dadurch die rheinische

sein was dies ius bedeutete? Es ermäßigt sich dadurch, daß der Fürst unterschiedlos alle, auch die kath. Unterthanen als demselben unterworfen ansah. Daß es aber vor der napoleonischen Zeit immerhin genug bedeutete, bezeichnet die Bestätigung der Clev.-Märk. ref. K.-O. (1662) in der Friedrich Wilhelm sagt: „er habe die ihm von den Synoden vorgelegte „verändert“ und bestätige dieselbe mit dem Vorbehalt sie jederzeit zu mindern, zu mehren, zu ändern und aufzuheben.“ Was halfs, daß die Gen.-Synode (1665) beschloß zuzusehen daß diese Clausel occasione commoda möchte moderirt werden? — Die occasio commoda fand sich für sie nicht; wohl aber fand Friedrich II. eine occasio commoda die Synode zu zwingen, den von ihr ausgeschlossenen Schwarmgeist Pfarrer Wülfing in Ronsdorf wieder aufzunehmen, indem er sie daran erinnerte, daß sein Vorfahr die K.-O. nur unter dem genannten Vorbehalt bestätigt habe. (1748). Mir scheint es daher nichts weniger als gerathen, zur Entwickelung unsrer rheinischen Kirche auf die „alten“ K.-O. viel Rücksicht zu nehmen. Hätte auf sie allein unsre K.-O. sich gestützt, wir würden weniger haben als wir jetzt in ihr haben. Wir haben es, weil die ganze Zeit (1813—1835) aus Uebersättigung mit Territorialismus der am Ende aller Enden (19. Dezb. 1808) selbst die Consistorien als baaren Ueberfluß von sich warf, der synodalen Verfassung vertrauend zugeneigt war. Schleiermachers Gutachten (was der König 1808 entgegennahm) betonte lediglich die synodale Verfassung; einzelne Regierungen wünschten schon 1811 ihre Einführung; das Ministerium begann 1813 davon zu reden; die liturg. Commission zu Berlin schlug sie 1814 dem König vor und rieth ihm nur die Externa für sich zu behalten; eine Cabinetsordre vom 16. Novbr. 1816 verhieß, die Vorschläge der Kreis- und Prov.-Synoden nach 5 Jahren auf einer

---

alt-reformirte Kirche vor einem Symbol bewahrt hat was durch 58 holländische Stimmen gegenüber 28 auswärtigen die holländische Lehrweise allen seinen Beisitzern auflegte; — daran, daß in den Fußtapfen seiner Vorfahren der preuß. König ging, welcher den Reformirten am Rhein (27. April 1722) die Behandlung der Lehre von der Gnadenwahl beschränkte.

Generalsynode berathen zu lassen. Je nach der vorgefundenen kirchlichen Entwickelung der verschiedenen Provinzen verschieden gestaltet versammelten sich schon 1817 und 1818 in der ganzen Monarchie Kreissynoden, 1819 Provinzialsynoden, welche zum Theil in ihren Verfassungsvorschlägen die Consistorien als Prov.-Synodalausschüsse, das Cultusministerium als Generalsynodalausschuß construirten. Die hier allerwärts treibenden Gedanken, durch die Union und Verfassung in Baden (vgl. Ordre d. d. Berlin 9. April 1822) neu in Bewegung gesetzt, sind es wesentlich welchen die maaßvolle Haltung unsrer K.-O. zuzuschreiben ist, und die presbyteriale Gesinnung des Bischofs Roß hat weise verstanden, sie wo es am meisten noth war in Fluß zu erhalten, bis sie erschien. Seinen Hoffnungen entsprach sie nicht, wohl aber seinem Gerechtigkeitsgefühl, und als er sie endlich genehmigt in der Hand hielt, konnte er enttäuscht und dankend zugleich sagen: 'tis better wat as niks (es ist besser etwas als nichts).

7. Ihr Gebiet. — Uebersehn wir das große Ländergebiet (850 □M.) für welches die K.-O. erlassen ist, erlassen ohne die Clausel daß irgend Jemand die Macht habe sie „zu mindern, zu mehren oder aufzuheben", erlassen als zusammenfassender rechtlicher Abschluß zwanzigjähriger Vorbereitungen; bedenken wir, wie die ursprünglich presbyterial und synodal verfaßten Gemeinden auf diesem Gebiet die Minderheit ausmachen: so müssen wir sagen, daß in dankbar zu preisender Huld durch ihren Erlaß der guten Sache gedient ist. Bedenken wir daß, — den Blick auf die durch dies Gebiet zerstreuten ursprünglich reformirten Gemeinden gerichtet — eben so wenig behauptet werden kann, die genuine Verfassung der Provinzen sei durchweg die presbyteriale, als in Erinnerung an ihre Gemeinden von ursprünglich lutherischem Bekenntniß anzunehmen ist, sie sei durchweg die consistoriale gewesen: so ist allerdings zu betonen, daß die vielfältig gestalteten Rechtszustände der früheren in unsrer Provinz etablirten Landeskirchen, die erst und nur und ganz allein durch die K.-O. zur Provinzialkirche zusammengefaßt sind, es unmöglich machen, nun über dieselbe hinaus und zurück auf lokal bestandene

frühere Verhältnisse hinauszugehn und in deren Namen Ansprüche für die Gesammtheit zu erheben.

8. Ihr allgemeiner-Charakter. — Es war nicht nöthig, daß Pourtalis im corps legislatif zu Paris am 22. März 1802 zur Empfehlung der organischen Artikel sagte „man erkenne in den Glaubensbekenntnissen der Protestanten nicht den Ausdruck souverainer Nationalgewalt, sondern im Gegentheil die besondere Erklärung und Bekennung des Glaubens und der Lehre der verschiedenen Glaubensverwandten;" denn man konnte von selbst wissen, daß unter dem Manne welchem der Thron ein Stück Holz mit Sammt überzogen war, die Protestanten über eine Erklärung und Bekennung ihres Glaubens und ihrer Lehre nicht hinauskommen würden [11]). Wo eigenkräftiges Leben sich regte, regte es sich damals zu seinem Schaden. Schwerer konnte die evang. Kirche Frankreichs auch in den damals annectirten Provinzen nicht verletzt, gründlicher auf die Dauer nicht angetastet werden, als indem man die Gemeinden, diese vom Herrn gesetzten, nach Zeit und Ort eigenthümlich gestalteten, in Cultus, Sitte, besonderer Gabe, besonderen Stiftungen, durch Aemter und erwählte Presbyterien geleiteten und vertretenen Organismen, mit Einem Schlag oder lieber mit Einem Federstrich vernichtete. Die neuen Einheiten waren von nun an 6000 evangelische Menschen. Auf den Trümmern der Gemeinden erhoben sich diese Wahlbezirke welche man Consistorialkirchen hieß, und die ihren Deputirten reformirter Seits zur sogenannten Synode, lutherischer zur Versammlung der Inspection entsandten.

Gradezu den entgegengesetzten Weg betrat unser König in der K.-O., indem er die zerschlagenen Gemeinden wieder baute.

Als die Prinzipien, auf welchen sie ruht, sind meist neben einander Presbyterialismus und Synodalismus genannt worden. Gewiß ist, daß, was von consistorialen Elementen sich in der Noth

---

11) Und wie auch noch dies Erklären und Bekennen verstanden sein wollte, belehrte die ungefügigen Protestanten später das Verbot des Heidelb. Katechismus.

und um der Noth der Zeit willen angehängt hat, ihr fremd ist, daß man von einem Prinzip des Consistorialismus was in ihr zur Geltung gekommen nicht reden, sondern höchstens behaupten kann: consistoriale Elemente hätten die volle Entwickelung ihres presbyterialen und synodalen Prinzipes gehemmt.

9. Synodal- und Presbyterialverfassung in ihrer Einheit und Verschiedenheit. — Historisch sind wir beide als gleich und eins zu setzen gewohnt, da ja in der ev. Kirche, wo die eine gefunden wird die andere zugleich zu sein pflegt. Unumgänglich nöthig ist das nicht, und Anfangs ist es nicht und ist nicht immer so gewesen. Die Gemeinden Frankreichs, des Niederrheins, die Fremdengemeinden Londons (seit 1550) hatten ursprünglich Presbyterien ohne Synoden, und die Entwickelung und Vollendung ihrer Presbyterial- zur Synodalverfassung ging erst von der Gemeinde zu Paris aus; und wiederum haben die Presbyterianer Englands bis zur Stunde keine Synoden. Stehn so presbyterial verfaßte Gemeinden ohne Synoden da, so sind auch Synoden ohne sie nicht nur denkbar, sondern in den ersten Zeiten der ev. Kirche Deutschlands, wie die Geschichte und die erhaltenen K.-O. bezeugen und bis heute (Dessau zc.) nicht selten gewesen. Wenn wir nun aber dennoch beide als eins, mindestens als zusammengehörig, als sich gegenseitig bedingend und fordernd setzen: so müssen wir bekennen, daß wir dann Synoden und Presbyterien in einem ganz bestimmt umgrenzten besonderen Sinne fassen. Denn wir erkennen alsdann, die Gemeindepresbyterien betonend, bloße Geistlichkeitsversammlungen nicht als Synoden an; und erinnern uns, daß etwa die kath. Kirche auch so sie Synoden hält nicht synodal sondern hierarchisch verfaßt ist, da die Einheiten, aus denen ihre Synode besteht und welche sie vertritt, nicht die Gemeinden sondern lediglich die Glieder des Lehrstandes sind. Man darf behaupten, daß die eigentliche Presbyterialverfassung zunächst nur auf das Leben und den Ausbau der Einzelgemeinde bedacht (die, wenn auch nicht durch sich, doch für sich da ist), nicht sofort in das Allgemeine strebt, nicht gleich auf große Gebiete und ihre verfassungsmäßige Uniformirung es abgesehen hat, wenn sie

auch mit der Durchbildung der Gemeinden ihre synodale Zusammenfassung nothwendig setzt. Die Verfassung der Gemeinde fällt hier nicht dem Zufall anheim, als die da nach Gelegenheit der Zeit verschieden sein könnte: nein, es wird für sie die presbyteriale gefordert, sie wird Glaubensartikel.[12]) Kein Wunder, daß wohin diese geistige Strömung kam, die Presbyterial-Gemeinden wie aus dem Boden aufwuchsen. Und eben so begreiflich, daß hier, auf ref. Gebiet, die Bestimmung der Augustana (art. 7) „es sei rechte Predigt und rechtes Sacrament zur wahren Einigkeit der Kirche genügend, und sei dazu nicht noth daß allenthalben gleichförmige Ceremonien bestunden" dahin erweitert wurde, daß alles was außer Predigt, Sacrament und Zucht in den einzelnen Gemeinden oder deren Verbänden ist, lediglich ihnen selbst anheimzugeben sei. So unterschreibt, zur Bezeugung der Vergleichung und Einigkeit der holländischen Kirche mit der französischen die Synode von Emden (1571) die confessio gallica, die franz. Synode bittend die belgica zu unterschreiben; so läßt die Emdener Synode den Gemeinden die Wahl zwischen Heidelberger und Genfer Catechismus frei; so beschließt die Duisburger General-Synode (1610. § 2) „betreffend die Gleichheit der Ceremonien" daß die Gemeinden,

---

12) So stellt die Conf. scoticana (§ 16), nachdem sie die Kirche als lediglich unsichtbar, weil Gott allein wisse welche er erwählt, bezeichnet hat, als Kennzeichen nach welchen diese wahre Kirche von den schmutzigen Synagogen unterschieden werden kann, dreie auf: rechte Lehre, rechtes Sacrament, Zucht; die Gallica (§ 29) führt eben dieselben an, erklärt sie und fordert daß zur Regierung (Selbstregierung, gubernari) der Kirche diejenige Verfassung (politia) nöthig sei, welche der Herr ihr gegeben, also daß in ihr Presbyter und Diaconen sein müssen (debere) zur Bewahrung der reinen Lehre, zur Bekämpfung der Laster, zur Pflege der Armen; die Belgica nennt diese Verfassung eine geistliche (spiritualis), fordert sie nach Gottes Wort ebenfalls und zwar in ihrer Zusammensetzung zu einem Senatus quasi ecclesiae: aber in ihnen und den gleichartigen Bekenntnissen ist von der Synode nicht die Rede; erst die Weseler Synode (3. Nov. 1568) richtet die stufenmäßige Ordnung der Gemeinden in Presbyterien, Classen und Synoden ein.

welche die Pfälzer Agende, eben so wie die welche die Niederländische bisher gebraucht, bei ihrem Herkommen belassen werden sollen, weil sie einander nicht sehr ungleich seien. Uniformirendes Streben finden wir dieses Weges nicht; die Eigenthümlichkeit der Gemeinde wird geschont, weil die Gemeinde als solche in ihrer großen göttlichen Bedeutung erscheint. Ist aber die Gemeinde diese Vereinigung der an den Herrn Glaubenden, ist Er es der in ihr Aemter und Gnaden gibt (1 Cor. 12, 5. 28), ist sie auf Lehre, Gottesdienst, Liebesarbeit und Zucht angewiesen, gilt es in diesem Sinne auch daß Einer nur der Meister und wir alle Brüder sind: so folgt von selbst — und es folgt nur aus diesen Prämissen — daß die zu Synoden sich einigenden Gemeinden nicht lediglich durch ihre lehrenden Glieder vertreten sein können. Es ist richtig bemerkt worden [13]), daß das Recht der Presbyter in der Ref.-Zeit nie aus dem allgemeinen Priesterthum gefolgert worden [14]); aber es läßt sich ja eben auch nicht ihr Recht da zu sein, sondern nur die Möglichkeit zu sein daraus herleiten; ihr Recht da zu sein fand die Ref.-Zeit in ihrer biblischen Anordnung und Stiftung, in dem Vorgang und Vorbild der apostolischen Gemeinden [15]). Andeutend ist schon darauf aufmerksam gemacht, daß, was unsre K.-O. auszeichnet, der Zeitstimmung hauptsächlich anzurechnen ist in der sie entstand; so daß ein Berufen auf eine von Fremdherrschaft nicht factisch und rechtlich vernichtete alte Ordnung höchstens den rechtsrheinischen Bergischen und Märkischen Gebieten möglich gewesen wäre; daß für die ganze übrige Provinz die Krone Preußen (1815) entweder wunderliche und verworrene kirchliche Rechtsverhältnisse oder gar die Verwüstung organischer Artikel vorfand.

---

13) Bähr, Revision der K. V. in Baden. Frankfurt 1861.

14) Wiewohl doch die Frühgeburt Lamberts von Avignon hier eine Ausnahme macht.

15) Dies gegen Stahls Beschuldigung: alle die denken wie wir und selbst der Oberkirchenrath huldigten Einer wie der Andre der Majoritätenherrschaft. Die K.-Verfassung S. 357. 450 ꝛc.

Die Einsetzung königlicher Consistorien (1817) brachte nur dem Namen nach Neues; die clevisch-märkische Kirche war es früher gewohnt gewesen, von den Königl. „Regierungen" den Königlichen „Kriegs- und Domainenkammern" ihre Weisungen zu erhalten. Es war eben vom Uebel, daß die alten reformirten sowohl wie lutherischen K.-O. alter Zeit von 1662 an und bis die erste französische Kugel über deutsche Erde rollte, nicht ungestört hatten leben und gehandhabt werden können, und darum weise daß der König die erbetene alte Verfassung — worunter allemal stillschweigend die in einem Theil der beiden Provinzen (Jülich, Cleve, Berg und Mark) bestandene presbyteriale verstanden ward — „mit zeitgemäßen Modificationen wieder herzustellen" von vorn herein verhieß [16]). Mit diesem Urtheil in den Verdacht territorialistischer Anwandelungen zu gerathen, glaube ich hier nicht befürchten zu müssen und will mich daher seiner weiteren Begründung enthalten.

Die Duisburger (rheinische, 1818) und die Lippstädter (westphälische, 1820) Synoden hatten allerdings um der Kirche willen das Recht, den König um Presbyterial- und Synodalverfassung anzugehn; aber richtiger scheint mir die westphälische die Sache be-

16) Die genannten alten Synoden hatten ganz ungehindert das ganze kirchliche Collectenwesen unter sich; sie schrieben Collecten aus, verwalteten und vertheilten sie. Dies gute alte Recht von großer Tragweite besitzen wir jetzt nicht, und seine Abstellung scheint mir eine sehr unzeitgemäße Modification. Daß unsre Prov.-Synode nur für die Dauer ihrer Diät als existent angesehen werden soll — wie der Bescheid auf den Antrag der I. Synode (Prot. S. 19. § 27) lautete — ist nicht nur eine unzeitgemäße, sondern eine unmögliche Modification alter Verfassung, welche dadurch auch wieder aufgehoben wird daß dem Präses schriftliche Abstimmung der Synodalglieder (deren Mandat denn also doch nicht auf 14 Tage, sondern von einer Synode zur andern gilt!) ja außerordentliche Berufung der Synode anheimgegeben ist. Erlaß v. 6. Sept. 1836. — Fast allen Funktionen und Rechten der alten Synoden lassen sich Funktionen und Rechte brandenburgischer und preußischer Fürsten entgegenstellen, die sie willig und unwillig theils zugegeben theils ertragen haben.

handelt zu haben, welche schlichtweg erklärte „für die Consistorien in der Presbyterialverfassung unserer (?) Kirche gar keine Stelle zu wissen“ als die rheinische, welche ein „Recht“ zu dieser Verfassung „auf einen mehr als 200jährigen Besitz (wie prekär war er!) und auf ausdrückliche Bestätigung des Staatsoberhaupts“ (wie wenig bestand sie!) gründete.

10. Beurtheilung der K.-O. — Sie ist bei uns meist von zwei Standpunkten aus geschehn. Entweder von dem der alten Clever oder Bergischen K.-O. aus: und da halte ich sie für Gewinn; oder von einem idealen aus: und da muß das Urtheil nach den Idealen der Richtenden verschieden ausfallen. Es gibt aber noch einen dritten den wir nicht gar verachten sollten; es ist der welcher uns bedenken lehrt, daß sie „mit allgemeiner Freude begrüßt“ wurde als sie erschien. Die erste Synode sprach ihren Dank und ihre Freude über sie aus (Vhdl. § 1), äußerte (§ 16) mit großer Einmüthigkeit ihre dankbare Freude, daß der König die Wiederkehr der Willkür, die bisher auf dem liturgischen Gebiet geherrscht, durch sie unmöglich gemacht; und wer von uns könnte dieser dankbaren Freude heute noch sich verschließen, wenn er sich nur erinnert, wie segensreich sie gewirkt hat indem sie die kleineren Gebiete zu großem Verbande sammelnd ihre Härten ausglich und zu gegenseitigem Dienen und Empfangen brachte! Im Rückblick auf die von den vorbereitenden Prov.-Synoden (1818 bis 1830) aufgestellten Entwürfe entwickelte der Präses vor der Synode von 1835 das der K.-O. zum Grunde liegende Prinzip als das der Leitung der kirchl. Angelegenheiten durch die Synode (S. 16). Das frische Bewußtsein wie großem kirchlichen Leid man entronnen war, bestimmte wesentlich noch das Urtheil. Der zweite Präses stellte noch 1846 (Nov. Rundschreiben) nur das als erstrebtes Ziel hin, daß der Gegensatz zwischen Presb.- und Consist.-Verfassung aus der Kirche verschwinde und zwar dadurch daß die Synode mit dem Consistorium Hand in Hand gehe! — Die Synode selbst aber, die Gemeinden mit ihr waren schon 1844 zu einer ersten Revision der K.-O. gekommen und hatten nicht Paciscirem, sondern das als nothwendig dargethan „daß das Con-

sistorium zu einer der Presbyterialkirche erforderlichen Einigen und wahrhaft kirchlichen oberen Verwaltungsstelle entwickelt werde." (Vhdl. S. 281).

Das in der K.-O. waltende Prinzip des aus dem Presbyterialismus erwachsenen Synodalismus in der vorhin angedeuteten Zusammengehörigkeit und Ergänzung beider liegt klar in ihr zu Tage. Gleich § 1 trennt Parochie und Gemeinde, um demnächst die Gemeinde darzustellen, die sie als Grundbedingung und Grundlage ächt evangelischer K.-Verfassung uns gerettet hat. Sie scheidet zwischen Parochianen, den innerhalb der Grenzsteine wohnenden Evangelischen, und — mündigen — Gemeindegliedern. Glied an der Einzel-Gemeinde wird der evangelische Christ lediglich durch die Confirmation, welche das Bekenntniß des und zum ev. Glauben in sich beschließt. Des Gliedes höchste und erste Pflicht — die Gnadenmittel zu gebrauchen — ist gleicherzeit sein höchstes Recht. (§ 3. Pflicht: 1. die Gnadenmittel gebrauchen; . . dagegen hat das Glied Antheil (Anrecht) an den Gnadenmitteln). Die Gemeinde als Gesammtheit der 1. die Gnadenmittel brauchenden, 2. erbaulich lebenden, 3. der K.-O. sich unterwerfenden, 4. zu den äußeren Bedürfnissen der Gemeinde beitragenden Glieder, hat zu ihrer Vertretung das Presbyterium. Dasselbe übt als seine wesentlichen Rechte Gemeindezucht, Pfarrer- und theilweise Lehrerwahl, die Liebespflege an den Armen, bestimmt über die Aufnahme der Gemeindeglieder durch die Confirmation, so wie über ihre Entlassung bei der Auswanderung (Kirchenzeugniß), und vertritt die Gemeinde gegenüber den bürgerlichen Gewalten und bei der Synode.

Daß wir hier eine Gemeinde vor uns haben springt in die Augen. Diese Herstellung der Gemeinde aus ihrer Verwüstung und Vernichtung durch die organischen Artikel ist das erste und größte Verdienst der Kirchenordnung, und wenn irgendwo diese erste grundlegende Organisation unter uns nicht vollzogen ist: ihre Schuld ist es nicht. [17])

---

17) Die Gemeinde in ihrer Eigenthümlichkeit zu schonen und frei zu

11. Repräsentanten. Wahl. — Dem Presbyterium ist eine bestimmte, nach der Gemeinde-Seelenzahl bemessene Anzahl Gemeindevertreter zugeordnet, durch welche dasselbe sich zu erweitern, welche es mit vollem Stimmrecht zuzuziehen hat, wenn der Pfarrer gewählt, die Substanz des Gemeindevermögens geändert oder eine Umlage auf die Gemeinde ausgeschlagen werden muß. Man hat diese neue Einrichtung als nicht presbyterial zu verdächtigen gesucht. Aber mit Unrecht. Die alten K.-O., aus denen höchstens gegen sie vorzugehen wäre, haben eine Erweiterung des Presbyteriums für den Fall der Predigerwahl auch gekannt; und zwar nicht nur durch die abgestandenen Aeltesten, sondern durch deputirte Magistratspersonen, Sendschöffen, Diakonen u. s. w. kurz durch „alle Anderen die sonsten nach eines jeden Orts Gelegenheit dazu gefordert werden“ (Ref. K.-O. Cleve § 11) [18]; und daß diesem zur größeren Gemeindevertretung erweiterten Presbyterium die Befugniß übertragen ist, über entscheidende Geldoperationen zu bestimmen, ist so wenig unpresbyterial als es unpresbyterial ist, daß ihm die Befugniß zuerkannt worden, eine nach dem Vermögen der Einzelnen sich abstuende jährliche Geldumlage auf die Gemeinde zu beschließen. Hier liegt eine wesentliche und neue Stärkung des Gemeindeprinzips durch unsre K.-O. Unsre Väter haben keine Ahnung davon gehabt, daß die Autonomie der Gemeinde so weit anerkannt werden könne, daß, wie der Staat es den politischen Communen erlaubt ihren Insassen Steuern aufzulegen, so ihr erlaubt ist, sich ratirlich ausgeschlagene Auflagen zu machen, daß der Staat das Recht einer Selbstbesteuerung bei anderen als politischen Verbänden noch anerkennen werde [19]. Dann würde die Erweiterung des Pres-

---

wahren vor der Tyrannei der Allgemeinheit ist so sehr im Geist der K.-O., daß sie sogar besondere Gemeindestatute (Zus. zu § 33) zuläßt.

18) Also daß dies große Presbyterium nicht nur aus ausgedienten Presbytern bestand.

19) Die katholische Parochie ist hülflos wenn auf sie eine Cultussteuer umzulegen ist, und sie muß sich dabei der bürgerlichen Behörden bedienen.

byteriums durch diese von der Gemeinde erwählten Repräsentanten eine Schwächung des presbyterialen d. h. des Gemeindeprinzips sein, wenn durch diese Hinzuziehung ein neues Collegium gebildet würde, das unter besonderer Leitung mit oder ohne Presbyterium besondere Beschlüsse faßte; so lange aber das Presbyterium als solches selbstständig beräth und beschließt und vollzieht in allen Dingen, und lediglich dann sich erweitert wenn es über die genannten Gegenstände Beschlüsse bedarf (was, wie die Praxis ergibt alle Jahre oder alle zwei Jahre einmal der Fall ist), hat es mit der Schwächung des presbyterialen Lebens von dieser Seite her keine Noth. Den Versuch, die Funktionen dieses erweiterten Presbyteriums zu erweitern, hat die Synode abgewehrt und den Presbytern nur frei gestellt, wo es ihnen angemessen scheine, die Unterstützung der Repräsentanten auch in inneren Angelegenheiten in Anspruch zu nehmen. (§ 18. Zus.) [20])

Eben so wenig geht es gegen das presbyteriale Leben als solches, wenn es auch seinem Wiedererscheinen zur Reformationszeit fremd war [21]), daß die qualifizirten Glieder der sich

---

20) Die Repräsentation findet sich nicht in den Vorschlägen zu einer K.-O. welche den Synoden von Duisburg (1818) und Cöln (1830) vorgelegen haben; diese kannten nur die alte Cooptation. Größere Gemeinden hatten freilich aus freiem Bildungstrieb erwählte Repräsentationen schon 1815—1835 aus sich hervorgehen lassen (Elberfeld, Gemarke, Solingen 2c.) aber als allgemeine Einrichtung sind sie ohne Mitwissen und Willen der Synoden von oben herab durch die K.-O. eingeführt. Ein später gegen sie erhobner literar. Streit (1845) ist mehr gegen Windmühlenflügel als gegen sie gerichtet, da sie das, wofür man damals sie ausgab, Mittelbehörden, nicht sind, sondern als erweiterte Presbyterien gelten müssen. Einen späteren Versuch sie prinzipiell (im Sinn der Cooptation) umzubilden, lehnte die Synode, vollständig klar worum es sich handle, ab. VIII Rh. Syn. § 133.

21) Uebrigens hat das Rheinland gleich von Anfang hier nicht nur Nachahmung, sondern freie Aneignung geliebt. Schon unsre Väter haben sich die Genfer Ur-Verhältnisse von 1541 nicht zum Vorbild genommen, und die ersten Ansätze zu einer K.-O. sind von der ganz besonderen, theils aus der Noth der Zeit, theils aus Calvins Eigenthümlichkeit erwachsenen

selbst regierenden Gemeinde diese Repräsentanten als Wahlmänner der Presbyter wählen. Unsre alten K.-O. fordern eine Erneuerung des Presbyteriums durch Cooptation jährlich zur Hälfte. Cooptation ist nun freilich unsrer K.-O. nicht fremd (denn außer dem Turnus austretende Presbyter werden durch das Presbyterium, Repräsentanten durch die Repräsentanten cooptirt), ihre Verfasser aber haben ihre durchgreifende Anwendung zur Erneuerung des Presbyteriums — und der Repräsentanten — mit Willen aufgegeben und durch die Wahl ersetzt. Gewiß nicht um gegen die Presbyterialordnung verderblich vorzugehn, und ganz gewiß nicht um im Sinn neuerer Zustände Conzessionen zu machen. Lobredner dieser Wahlen hat es von jeher nicht viele gegeben; wir sind es auch nicht. Aber wir sehen nicht ein, warum sie nun gradezu unpresbyterial sein sollen, wenn man nicht entweder — unprotestantisch — annimmt, was nicht von den Vätern und alt hergebracht ist könne nicht presbyterial sein [22]), oder — unlo-

---

Gestaltung dortiger Zustände, verschieden. Maaßgebend sind für unsre Gebiete die Beschlüsse von Emden geworden.

22) „Die presbyteriale Verfassung ist fähig, durch ihre weitere Entwickelung das Bewährte anderer Verfassungsformen in sich aufzunehmen.“ Daß sie fähig war schon in ihrem ersten Wiederanfang auch Wahl zu vertragen, beweist der frühe Schluß: Quant a l'election des anciens ou diacres, s'il en faut un, on elira deux au consistoire, lesquels seront presentez a la compaignie, laquelle après l'invocation du nom de Dieu en elira l'un pour soy. Articles qui ont esté arrestez au Synode provincial le 26 d'Avril l'an 1563 tenu a Teux. Dasselbe beschloß die Dortrechter Synode 1574 art. 12. — Die Grundanschauung der presbyterialen Verfassung vom Recht der Gemeinde (Rh. Syn. VIII. S. 214) blickt hier überall durch. Ob direct oder indirect wählend, handelnd wird sie überall gedacht. Wäre das nicht so, so hätten nicht statt der großen Presbyterien vielfach Versammlungen aller (oft tausender) Hausväter ohne Anstoß sich bilden können. — Am Ende aller Enden muß ja auch der Lutheraner mit dem Reformirten sagen, daß selbst das Recht aller Berufung prinzipiell bei den Gemeinden sei. Quum episcopi ordinarii fiunt hostes ecclesiae aut nolunt impertire ordinationem, ecclesiae retinent ius suum.

gischer wo möglich noch als ungeschichtlicher — die alten Presbyterien hätten die Gemeinden nicht vertreten, nicht in ihnen sondern nur mit der Befugniß des Regiments und der Zucht über ihnen gestanden. Von andrer Seite her hat man diese neue Einrichtung mißtrauisch angesehn, weil man demokratisches Wesen in ihr witterte; aber unsre Gemeinden sind, wenn man sie der Demokratie verdächtigen wollte, gerade so viel und so wenig daran Schuld, wie sie es verschulden wenn man ihnen aus ihrer Armenpflege die Anklage auf Communismus formulirte.

Auch darf ich den zwingenden, in den Verhältnissen ruhenden Grund nicht übergehn, welcher die Einführung der Repräsentanten bei uns unumgänglich nothwendig machte. Daß das Collegium, welches die Umlage beschließen dürfe, aus mehr Gliedern bestehen müsse als die Presbyterien zählten, lag auf der Hand. Welches denn sollte es sein? Dasjenige, welches als sogenanntes großes Presbyterium den Pfarrer wählte? Es war sogar fraglich, ob es möglich sein würde, es selbst da wo es gewesen, zu reconstruiren! Denn die von den K.-O. selbst anerkannten usus und abusus in seiner Composition, welche mehr verschiedene große Presbyterien in der Provinz erzeugt hatten wie Tage im Jahr; die durch dreizehnjährige Zwang- und Zwischenherrschaft und zwanzigjährigen Nothbehelf provisorischer und meist überaus urwüchsiger Einrichtungen entstandne Verwirrung [23]); der Uebelstand, daß auf ganzen weiten Gebieten der beiden Provinzen die Gemeinden so wenig von großen als von kleinen Presbyterien wußten; der Umstand, daß

---

23) v. Oven sagte (gegen die Annalen von Kamtz S. 9) 1829: „Es ist unbegreiflich, daß manche es nicht einsehen oder nicht einräumen wollen, daß die Verfassung unsrer (d. h. der ganzen deutschen evang.) Kirche durchaus verworren ist, und daß man von einem rechtlich geordneten Zustand derselben gar nicht reden kann." — Im lieben Rheinland ist diese Schilderung als nur zu wahr durch die tragischen Vorkommnisse bei vielen damaligen Pfarrwahlen commentirt; und war das Durcheinander auch hier so groß geworden, daß, als z. B. die erste Prov.-Synode (30. Juli 1835) zusammentrat, eine Kreissynode sich für zwei ansah und 6 Deputirte statt 3 entsandte.

eine ganze Reihe von Gemeinden aus der Combination einer reformirten und lutherischen Gemeinde neu sich bildeten, wobei die rechtlich anerkannte Combination ihrer beiderseitigen größeren Wahlkörper eine durchgehende Vernichtung der kleineren, nicht aber evangelische Parität zur Folge gehabt hätte; das alles zwang die Urheber der K.-O., vor Allen den seligen Bischof Roß, der übrigens ganz unter der Herrschaft presbyterialer Anschauungen stand, die verschütteten alten Wege zu verlassen und einen neuen zu suchen. Die Verwirrung, welcher sein (zu Homberg entstandener) Vorschlag einer Repräsentation ein Ende zu machen bestimmt war, ist so groß gewesen, daß die ev. Gemeinde, welche Sie, verehrte Brüder, heute als ihre Gäste begrüßt, als sie eben entstanden einen Pfarrer wählen wollte (1817), sammt ihrem vorgesetzten Königlichen Consistorium in Cöln vollständig rathlos war wie das anzufangen sei, da ihr kein Herkommen zu Hülfe kam und die alte K.-O. sie im Stich ließ. Was aber im Rheinland diese Repräsentation im Großen und Ganzen sei, wie sie bei uns angesehen wird, das könnte auswärtigen Beurtheilern das Studium ihrer Geschichte sagen und sie vor schiefen Urtheilen sicherer stellen. Denn wenn die Dienstzeit der Repräsentanten im Jahr 1835 vierjährig begann, so hob schon das Jahr 1847 sie auf acht Jahre — d. h. die Illusion als solle die Gemeinde, statt wie früher in einen leitenden und geleiteten, von nun ab in einen wählenden und gewählten Theil zerfallen, ward von der rheinischen Kirche gründlich zerstört und die Cooptation in dem Körper häufiger gemacht. Die Anfangs zur Fassung eines Beschlusses geforderte Präsenz von „zwei Dritteln" der Repräsentanten ward gleichfalls (1847) auf die „Hälfte" derselben ermäßigt, und damit nicht nur bekannt, daß die Gemeinden ihren Presbyterien mehr als erwartet war vertrauten, indem so selten nur ihre Repräsentanten zu den größeren Berathungen erschienen: sondern auch bewiesen, daß sie nach wie vor gut presbyterial verfaßt sich wußten und bleiben wollten [24].

---

24) In der Praxis wechseln unsre (fünfhundert) rhein. Gemeinden die Glieder der Presbyterien und Repräsentationen meist nur in geringem Maaße;

12. Zucht. — Ein anderer Vorwurf trifft die den Presbyterien obliegende Kirchenzucht. Namentlich in letzterer Zeit hat man unsre Kirche angefallen: dieselbe sei und führe zu Heuchelei. Man hat uns verhöhnt daß wir sie haben und haben wollen. Man wird es uns noch danken.

Erinnern wir uns an einige Hauptsachen, um welche es dabei sich handelt. Zunächst daran, daß wir keinen Bann wollen noch kennen und als die höchste Zucht die Fernhaltung eines Gliedes vom heil. Abendmahl gilt.

Daß die Zucht geübt werden soll, wird nur denen welche Zucht hassen zweifelhaft scheinen [25]); die übrigen Christenmenschen lassen sich mit dem Hinweis auf Christi Wort Matth. 18, 15. genügen. Daß sie der Gemeinde zukommt sagt der Herr und beweist der Apostel. Gegen wen sie zu üben sei steht sonnenklar 1 Cor. 5. Warum sie den Gemeinden nothwendig ist liegt auf der Hand: zuerst weil ein wenig Sauerteig den ganzen Teig versäuert, jede Schuld hier Gemeinschuld ist und ansteckend wirkt; zum andern: damit der Fehlende nicht verderbt, aber erbaut, gebessert werde (2 Cor. 10, 8; 13, 10); zum dritten: damit die Gemeinde sich wahre und reinige, um immer aufs neue auf die Welt zu wirken, auf welche ihr alle missionirende Gewalt fehlt wenn sie zu ihr herabsteigt und mit ihr irgendwo eins wird oder eins zu sein auch nur scheint. Es wird wohl vor der Hand bei dem Wort des hoch zu ehrenden und hochgeerhrten Nitzsch sein Bewenden haben daß eine Gemeinde ohne Kirchenzucht mehr bloß eine zufällige Gesellschaft als eine christliche

---

bei weitem die Mehrzahl der Abgehenden wird dauernd wieder gewählt. In Westphalen steht es ebenso.

Die Generalsynode zu Berlin (Pfingsten 1846) war von der praktischen Bedeutung der Repräsentation so sehr überzeugt, daß sie dieselben in die von ihr entworfene K.-O. aufnahm.

25) Comme la doctrine est l'âme de l'église, la discipline aussi est dans l'église ce que sont dans un corps les nerfs qui en unisent les membres.

Kirche zu nennen ist. Eins freilich müssen wir von unsern Gegnern uns erbitten, daß sie geistliche Dinge mit uns geistlich richten wollen. Wenn Paulus in der Gemeinde zu Corinth geistig anwesend und mit ihr versammelt — denn ihr gehört die Zucht — beschließt, den Sünder dem Satan zu übergeben, damit sein sündlich Wesen untergehe und seine Seele gerettet werde (1 Cor. 5, 1—5.) und fordert, daß er hinaus gethan werde aus der Gemeinde: so haben wir zunächst uns der Verhältnisse zu erinnern, welche seine Mahnung voraussetzt. In Corinth, Rom, Ephesus 2c. lag Gemeinde und Weltreich scharf erkennbar aus=, ja wider einander. Die Einen tranken den Kelch des Herrn, die Andern den Kelch der Dämonen; es gab Abendmahls= und Opfermahlsgenossen. Darum gab es so gut wie heute im Kapland zu Schietfontyn, Amandelboom 2c. und immer auf allen Missionsgebieten recht eigentlich ein „Hinausthun." Wenn aber ein Land christlichen Einflüssen Jahrhunderte offen gewesen, wenn es christianisirt ist weil der Glaube die Welt überwunden und machtlos gemacht hat, so gibt es eben keine in Sitte, Cultus 2c. scharf hervortretende und gesellschaftlich gegliederte Welt mehr. Ein Hinausthun aus der Gemeinde dem ein „dem Fürsten der Welt übergeben" folgt ist da nicht mehr möglich, und wem die Gemeinde (nicht etwa die Kirche) sich versagte, der stünde immer noch auf christlich bestelltem Boden des Volkslebens, nicht im Bereich des Satans, der Welt, nur. Die ihn umgebende Volkssitte, die Gesetze, die staatlichen und geselligen Ordnungen, die Literatur, die Kunst, die Sprache selbst mit dem in ihr ausgeprägten Denkstoff und Denkschatz, — alles trägt die unaustilgbaren Spuren christlichen Wesens. Durch den Sieg des Christenthums ist auf den Culturstätten desselben als letzter Akt der Zucht die Fernhaltung des Menschen vom heil. Abendmahl fixirt[26]). Der Heidelberger Katechismus sagt: Gottes Zorn

---

26) Wenn alte ref. K.-O. als letzten Akt der Kirchenzucht den Ausschluß aus der christlichen Kirche als möglich setzen, so hängt dies damit zusammen, daß unsren Vätern die übrigen christlichen Gemeinschaften von welchen

werde über die Gemeinde gereizt, die keine Zucht übe; die K.-O. nennt als erste Pflicht der Presbyterien die Handhabung der Kirchendisciplin; die erste rhein. Provinzialsynode (1835) hat mit großem Ernst gleich die Frage der Zucht in die Hand genommen und sichs nicht verdrießen lassen, in viele Händel darüber verflochten zu werden [27]); aber die Jetztzeit, überhaupt materialistisch, d. h.

---

sie blutig verfolgt wurden als „Satanssynagogen“ erscheinen konnten. (vgl. Rhein. Syn. VIII. S. 211).

Von Scheurl (Zur L. vom Kirchenregiment S. 117) hat als guter Lutheraner doch die Wittenberger Consistorialordnung von 1542, welche eben auch nur den Bann als Ausschluß vom Abendmahl (nicht von der Predigt) faßt, im Verdacht „ihr Bann sei doch nicht ganz das, was Bann im biblischen Sinne sei, nämlich völliges „Halten als einen Zöllner und Heiden“ „Uebergabe an den Satan.“ Ja es scheint ihm „eine gewisse Scheu vor dem vollen Ernst (?) dieses Bannes durchzublicken und darin eben eine Ahnung kund gegeben, daß dessen eine Volkskirche, wie sie die Reformatoren im Auge hatten, und wie unsre heutige Kirche es durchweg ist, nicht mächtig sei!“ Also das was von Scheurl Volkskirche nennt und worunter er das Gegentheil der Geistlichkeitskirche versteht, scheint ihm das Hinderniß für die Uebung eines gründlichen Bannes; und allerdings das, was ihm als Bann vorschwebt, ist nur vor den Reformatoren geübt worden. — Das Neueste und Schnurrigste wohl, was in einer unsrer Kirchen-Ordnung untergebenen Stadt gedruckt worden, ist die Behauptung daß Presbyterialverfassung und Kirchenzucht eigentlich sich widersprechen! Denn so steht zu lesen in „Henske's Lehrbuch für den Religionsunterricht in evangelischen — sprich und schreibe evangelischen — Gymnasien. Gütersloh 1861.“ S. 86. von Calvin: „Die Presbyterialverfassung, welche er gleich Zwingli einführte, hinderte nicht daß die strengste Kirchenzucht geübt wurde; Gefängniß, Verbannung und selbst Hinrichtung mußte dazu dienen, dem von ihm als wahr und recht Erkannten zum Siege zu verhelfen.“

27) Sind von der vierten Synode Westphalens die Beschlüsse (205—207) zur Ausführung der kirchlichen Zucht (nicht Beschlüsse über die Zucht selbst, welche nicht zu fassen waren da sie nach der K.-O. die erste Thätigkeit der Presbyterien ist) mit geringer Stimmenmehrheit gefaßt, so wurden bald darauf gerade diese Beschlüsse so nothwendig befunden, daß schon die siebente Sy-

durchweg nicht ideal, und daher im Schauder vor den handgreiflichen Weltmächten, welche zu sanctioniren („den Thatsachen gerecht zu werden") sie Gefahr läuft, trägt unsrer Kirche wahrlich keine Ermuthigung zu und scheint sie vorab ihren Weg noch einsam gehen zu sollen. Sie wird ihn nicht verlassen können, so lange sie in „körperschaftlich organisirten" Gemeinden und nicht in Parochieen ihr Fundament hat. Allerdings über ein Kirchspiel wird Gottes Zorn nicht dadurch gereizt daß auf seinem Grund und Boden ein Böser ungemahnt wohnt: wo aber Gemeinde ist da wäre auf Selbstzucht, auf Selbstberichtigung und Selbstbeaufsichtigung verzichten auch auf Selbstregierung verzichten. Unsern Gemeinden die Zucht, das Urtheil über ihre Glieder verwehren wollen, was man doch der Weingesellschaft jedes Dorfs und jedem Turnverein zugesteht, heißt sie vogelfrei erklären. Wenn es Leute, denen der Begriff eines Reichs Gottes in dieser lüsternen Zeit abhanden gekommen, vor der Zucht wie vor einem verjährten Wahn graut so ist das begreiflich; der Theologe welcher wider sie eifert, gleicht jenem Manne, der den Ast absägte auf dem er saß.

13. Einwürfe gegen sie. — Die mancherlei scheinbaren Einwände gegen den Anspruch unsrer Kirche auf Zucht lassen sich auf zwei zurückführen. Entweder soll alles gezüchtigt werden oder nichts — heißt der eine; und weil das erstere nicht möglich ist so gebe und hebe man die halbe Zucht als ungerecht auf. Der andere wagt sich weiter vor und fordert Abstellung aller Zucht weil sie unmöglich sei.

Entweder alles oder nichts. Dieser Satz verkennt geradezu alles was K.-Zucht ist. Die Zucht der Gemeinde setzt, fordert, ja rechnet auf die Selbstzucht der Gemeindeglieder. Mit allen kleineren Fehlern Schäden oder Sünden hat sie deßhalb nichts zu thun, weil diese im gewöhnlichen Verlauf durch andere sittlich-christliche Ordnungen, vorzüglich aber durch Buße und Glaube des Fehlenden selbst, aufgehoben und gebessert werden. Der Natur

---

node beschloß (137) sie bei jedem Eintrit neuer Aeltesten ins Presbyterium verlesen zu lassen.

der Sache nach fallen nur diejenigen Sünden unter die Gemeinde-Zucht, welche nicht nur das Heil der Einzelseele bedrohen, sondern dadurch daß sie da sind auch die Gemeinde schädigen, ja ihr eigenthümliches Dasein in Frage stellen; nur da tritt sie ein, wo die Gemeinde durch den drohenden Untergang eines ihrer Glieder sich selbst zu verschulden Gefahr läuft oder wo sie einen Akt der Nothwehr vollziehen muß. Wir verkennen die Gefahr nicht, der die alte K.-Zucht nicht selten erlag, auf diesem Wege züchtigend zu weit und darum irre gegangen zu sein, die Hülfe zuweilen mehr vom Mühlstein als vom langmüthigen Gott erwartet, und hie und da besonders zur Zeit des Unglaubens sogar Zucht und Gericht verwechselt zu haben[28]): aber abusus non tollit usum. Das entweder Alles oder Nichts schreckt uns gerade so wenig als die Forderung: wir sollten in unserm körperlichen Leben entweder Alles durch den Arzt heilen lassen oder nichts.

Und was ihre Abstellung angeht weil sie zu üben unmöglich sei: so dürfen wir die auf diesen Grund sich stützen nicht auf die heil. Schrift verweisen, um mit ihren Bestimmungen über die Zucht zunächst sich abzufinden: denn dies Forum würden sie schwerlich in wünschenswerthem Protestantismus anerkennen; wir wollen kurz an das Recht der guten Sache wie es aus hellen allgemeinen Gründen zu erweisen ist erinnern. Man sagt es geschehe viel Böses im Finstern und das werde ja nicht gezüchtigt. Es ist leider unzweifelhaft. Aber die Gemeinde ist für das was sie nicht weiß noch wissen kann, grade so wenig verantwortlich als der Einzelne. Unter die K.-Zucht fielen niemals und konnten niemals diejenigen fallen, welche ungläubig oder gottlos waren, sondern die welche das waren und als solche sich erzeigten. (Hdlb. Kat. Fr. 82).

---

28) Es ist die weitgehende Klage der Augsburger Confession, die so oft leider erneuert werden muß: etliche haben geistliche und weltliche Gewalt sehr unschicklich durch einander gemengt. (art. 28). — Die lutherische Nassauer K.-O. von 1617 bestraft durch Pfarrer und Censoren: Arbeit am Sonntag mit 1 Guld., Predigtversäumniß 4 Albus, Fluchen 1 Guld., Saufen 1 Guld., Saufen nebst Fluchen 1½ Guld. u. s. w.

Diejenigen antasten, welche nicht äußerlich erkennbar, sondern ohne Wissen der Anderen aber nach ihrem Vermuthen fehlen ist nicht Kirchenzucht sondern Inquisition, und dafür danken wir. Aber auch die Beurtheilung der erkennbaren Werke und Thaten reicht nicht aus, sagt man, da es Heuchler gibt. Wir geben mit aller Welt zu, daß die Werke nicht immer den vollkommen richtigen Schluß auf den der sie thut zulassen, aber in den meisten Fällen doch lassen sie ihn zu. Wenn man auch aus dem Angesicht des Menschen nicht immer mit Gewißheit erkennen kann was in ihm vorgeht, so kann man es doch meistens, und kann es so sehr, daß Gott selbst deshalb uns seinen Sohn als sein „Angesicht" gegeben hat, damit, wer es sieht Ihn sehe. Wenn man nicht mit untrüglicher Gewißheit aus des Menschen Wort allzeit auf das schließen darf was in ihm ist, und ein Franzose die Sprache die Hehlerin der Gedanken nannte: so hat das deutsche Volk dennoch Recht mit seinem „was der Mann kann zeigt sein Reden an." Des Menschen äußerlich wahrnehmbares Leben ist die Aeußerung seines inwendigen Lebens; kommen Täuschungen vor so ist doch die Täuschung nicht Regel, und hält die Gemeinde Einen der ein Heuchler ist für einen Bruder „weil er sich läßt Bruder nennen," so ist sie dabei so unschuldig als unsres Herrn Apostel waren da sie Judas für ihren Bruder hielten. Bedenkt man noch dazu, daß nicht ein einzelner Mensch hier, sondern ein Collegium zu urtheilen hat, ein Collegium welches unter Gebet erwählt ist, ein Collegium von Männern welche unter Gebet beginnen und enden, welche des Herrn Zusage Er sei mitten unter ihnen für sich haben: so ist es baare Sophisterei, aus möglichen Irrthümern bei der Beurtheilung der Menschen auf ihre Unerkennbarkeit überhaupt zu schließen, und wir dürfen getrost unsres Weges weiter gehen bis man uns Bibeln bringt, in denen zu lesen steht „an den Früchten erkennt man den Baum nicht."

Ist auf der einen Seite der Zeitgeist darauf aus, der Gemeinde die Zuchtübung bis zur Unmöglichkeit zu erschweren: so scheinen auf der andern die Fälle, in denen sie anzuwenden ist, sich zu vermindern, was ihre Uebung wesentlich erleichtert. Sie ist ja nicht

Selbstzweck. In dem Maaß, als Selbstzucht der Menschen eintritt, wird die Gemeindezucht überflüssig. Wenn der Hurer, der Säufer rc. sich selbst von der Gemeinde löst und offenkundig trennt, der er einst lebendig angehörte, so hat nur noch die klagende Fürbitte vor Gott Platz (1 Joh. 2, 19. sie sind von uns ausgegangen rc.): und nur wenn der Hurer, der Säufer rc. trotzend oder verhärtet als Bruder, als Christ erscheinen will, dann tönt die Mahnung „ihr sollt mit ihm nicht essen.“ Den hat man nicht auszuschließen der sich selber ausschließt. Die von ihrem Gewissen überführt vom Abendmahl sich fern halten, und um den Preis in Ruhe gelassen zu werden die Gemeindearbeit und Gemeindewahl gerne in Ruhe lassen, gehören nicht in den Bereich der Zucht sondern der Seelsorge. Wenn sie aber zum Abendmahl unwürdig sich drängen, wenn sie von wegen ihrer Zugehörigkeit zur Gemeinde gegen das beste Leben derselben thätlich auftreten, so lehrt schon die Pflicht der Selbsthülfe was nöthig ist. Vor Zeiten war es jedem Christen Ehrensache zum Abendmahl zu gehn; nachdem es aber gar nicht mehr zu den auffälligen Dingen gehört, daß einer vom Tisch des Herrn sich absondert, hat sich die Gefahr welche unsern Vätern so viele Noth machte, viel Ungläubige und Heuchler, die jährlich einmal ihr Christenthum zu documentiren für ersprießlich halten, kommen zu sehn außerordentlich verringert. Gewachsen ist die — leichter zu bekämpfende — Gefahr, daß im öffentlichen Leben der Gemeinde, und namentlich bei Wahlen die ungläubigen Bewohner einer Parochie sich in ihrem Sinn thätig erweisen, um Männern ihres Zeichens die Mitleitung der Gemeinde zuzuwenden[29]). Hier gilt es mehr als sonst festen Fuß fassen; hier heißt es: halte was du hast.

---

29) Es gehört zu den vielen Räthseln der Gegenwart, daß in ihr wieder einmal vielfach Humanismus und Christenthum, Wissen und Glauben, Menschenliebe und Gottesliebe auseinander gerissen werden um in ihrer Absonderung zu verkümmern. Was Gott zusammengefügt hat sollte der Mensch nicht scheiden. Zu welchen Einseitigkeiten und Wunderlichkeiten die Versündigung an diesem göttlichen Grundrecht auf kirchlichem Gebiet geführt hat ist allbekannt. Auf der andern Seite: wie schmerzlich ist es, in dieser

Uebrigens würden wir so thöricht wie unrecht handeln, wenn wir die Zucht, welche in letzter Stufe den Ausschluß vom Abendmahl bildet, eben nur hier zu sehen uns verleiten ließen. Man muß die Menschen geradezu für verteufelt halten, wenn man verkennen will wie viel ein Gesetz verhütend wirkt schon dadurch daß es da ist. Wir haben weiter uns daran zu erinnern wie ernst und gehalten die Seelsorge dadurch wird daß sie auf die Zucht der Gemeinde rechnen darf, und daß ihr Wort anders angenommen wird wo die Zucht ist als wo sie nicht ist; wie bedeutsam zwischen Seelsorge und Ausschließung die Vermahnung des Presbyteriums eintritt als eine Stufe, auf der es möglich ist, nach der eigenthümlichen allgemeinen Lage der Dinge wie nach der besonderen Beschaffenheit der Gemeinde und des zu Vermahnenden, aller Weisheit und Liebe genug zu thun und alle Gerechtigkeit zu erfüllen. Nur weil die Gemeinde sich der Zuchtübung schuldig weiß, kann sie mit gutem Gewissen an ihre Presbyter die großen Forderungen unsträflichen Wandels, guten Gerüchtes und der Bethätigung der Liebe zur Kirche stellen.

Spannung so viele zu finden, welche Kirche und Gemeinden dadurch zu dienen wähnen, daß sie ihnen, in deren Segnungen sie leben, Selbstvernichtung als erste Pflicht predigen. Der vielgepriesene Mann, dessen Lebensgedanke sich darin erfüllte die Welt als ein durch innere Kräfte bewegtes Ganze darzustellen, konnte dem Heilande und seinen Anhängern wie Schulknaben freudig drohen: man werde noch wissen woher der Wind komme (Joh. 3, 8): und was er sonst vom Glauben hielt ist später in überraschender Weise kund gegeben worden; — und doch lebte er im Sonnenlicht eines christlichen Königs. Der deutsche Dichter, dem unter den nachgeborenen mit am meisten unsre Sprachbildung in Vers und Prosa verdankt, schmähte in französischen Reimen die Christen als finstere Nazaräer und pries die erhabnen Brahminen als *seine* Propheten, als *seinen* Compaß auf dem Meer und auf seinem Flug zum Himmel; aber er wanderte nicht nach Indien aus: es gefiel ihm wohl hier diesen Flug zu versuchen; hier starb er und ward begraben. Diese Großen bis hinunter zu den vielen Unmündigen ihrer Schleppenträger: alle meinen nur aus Menschenfreundlichkeit unter uns Christen ausharren und sich das Opfer auflegen zu sollen, an Unverständigen und Undankbaren ihre Beglückungsversuche anzustellen.

Kein geringes Zeugniß für die Wahrheit, welcher unsre Provinzialkirche gedient indem sie die Zucht bewahren wollte ist, daß es ihr damit gelungen ist. Davon mag ich nicht einmal reden daß die spätere preußische Gesetzgebung in scharfem Gegensatz zur Cleve-Märkischen 2c. K.-O. die Uebung der Zucht den Gemeinden erschwerte (Allg. Land-R. II. 11. 886. 96. 2c.); nicht davon, daß das achtzehnte Jahrhundert wenn gegen etwas dann gegen die Kirchenzucht seine Waffen gekehrt hat; nicht davon wie sehr diese Thätigkeit unsrer Kirche hier im neunzehnten verkannt, verläumdet [30]) und darum gehemmt worden ist: sondern nur zu bedenken geben, daß alles was über die Zucht in anerkannten Synodalbeschlüssen bei uns ausgesprochen ist, den vorgesetzten Behörden — ich sage nicht zu viel — hat abgerungen werden müssen[31]); sie selbst aber auch den Tausenden und aber Tausenden Evangelischen gegenüber aufrecht zu halten war, welche seit 1815 aus den östlichen Provinzen zu uns einwanderten und deren Traditionen unserm eigenthümlichen kirchlichen Wesen nichts weniger als förderlich gewesen sind[32]).

14. Synode. — Die Presbyterialgemeinden, als Gemein-

---

30) Ich erinnere an ein vergessenes Erzeugniß „Die Stellung der prot. und kath. Kirche zum Staate, der Cultus, die Kirchenzucht u. s. w. von Schneegans. Leipzig 1845" deßhalb, weil die darin aufgeführten Gründe gegen die Zucht den jetzt wieder auftauchenden nichts nachgeben, und die Synode so wenig schonen als sie heute geschont wird daß sie „dieses verfallene Zuchthaus" wieder aufgerichtet.

31) Vergl. die Protokolle der Provinzialsynoden, namentlich der dritten; desgl. die Kirchenzucht von G. A. Neide. Bonn 1856.

32) Im Jahr 1792 zählten die 40 luth. Pfarreien des Herzogthums Berg 66,357, die 34 reformirten 60,464 Seelen; also in 74 Pfarreien 126,821 Evangelische. In den Herzogthümern Jülich und Cleve lebten 4,339 Lutheraner und 39,182 Reformirte; also 43,521 Evangelische. Die erste umfassende Volkszählung hatte 1816 statt, als die größte Masse der aus den alten Provinzen eingezogenen evangelischen Beamten 2c. schon ansässig war. Damals zählte Rheinland und Westphalen 846,468 Evangelische; 1858 war ihre Zahl auf 1,439,312 gestiegen.

den in ihren Funktionen erkennbar, gerüstet sich in ihrem eigenen und eigenthümlichen Leben gegen die Welt zu schützen und abzugrenzen, und so sich ihr zum Heil zu bewahren, unter einander zu Synoden verbunden, setzen auch durch diesen Verband das sich bauende, leitende, berichtigende Leben fort. Gemeinden werden in der Synode vertreten, daher die Abgeordneten selbstredend Glieder der abordnenden Gemeinde und in ihrem Amt sein müssen. Die Kreissynode ist „das Presbyterium" der Kreisgemeinde; die Provinzialsynode entsteht ebenso als „Presbyterium der Kreissynoden." (§ 34. 44). In dieser Ordnung hat die Frage: wie sich die Zahl der deputirten Geistlichen zu der der Laien verhalten müsse, nicht die Bedeutung welche sie anderswo hat; denn entscheidend ist dabei nicht nur wer erscheine, sondern auch wen er vertrete? Eine sich selbst ordnende, dem Gesammtleben der im Glauben mit ihr einigen Gemeinden sich ein- und unterordnende Gemeinde, kann von den Synoden welche sie beschickt immer nur Segen, nie Hemmung erfahren. Nicht in den Synoden, in der Gemeinde liegt der Schwerpunkt unsrer Verfassung; in der Gemeinde die als so sehr eigenartig gefaßt wird, daß (K. O. § 33 b.) ihren besonderen einzigen Einrichtungen sogar Schutz gewährt ist. Durch diese sich organisch erweiternden Kreise hindurch (Gemeinde — Kreissynode — Provinzialsynode) erscheint endlich als der Leitende dieser großen Gemeinde der erwählte Präses der Provinzialsynode.

Die in sich durchsichtig klare und einheitliche Verfassung welche die K. O. schuf, leidet nur daran, daß die Kirche, für welche sie da ist, nicht genug in ihrer Selbstständigkeit anerkannt und darum die landesherrlichen Consistorien rc. eingerichtet sind, von deren — (in Vermögensangelegenheiten von der der Regierungen) — Genehmimigung die Gültigkeit vieler Thätigkeiten der Synoden, ja selbst der Gemeinden (Gültigkeit einer geschehenen Wahl rc.) abhängig gemacht ist; — ein Zustand der, wenn zwischen der Synode und den Landesbehörden Einigkeit waltete, immerhin durch unnütze Weiterungen und Verschleppungen niederdrückend wirkte, [33])

33) Am schärfsten weil am wahrsten hat Nitzsch in seinem Gutachten

wenn sie fehlte die gegründetsten und bittersten Klagen der Synode hervorrief.

15. Das Consistorium. — Man hat das Einschieben des Consistoriums wohl als eine Vereinigung der Consistorial- und Synodalverfassung vertheidigt. Ich sehe sie nicht darin. Es ist und bleibt da ein doppeltes, unvermitteltes Wesen. Die K.-O. erwähnt die „Behörden" ohne ihre Rechte zu präcisiren — was zu beklagen ist; die Consistorien werden in ihren Instructionen nicht in einer Weise auf die Thätigkeit der Synoden hingewiesen, welche diese selbstständiger erscheinen läßt. Schon 1844 hat der weitsehende Assessor der Synode, Nitzsch (Verhdl. 282) vorhergesagt „Consistorien und Synoden bringen sich noch gegenseitig um ihr Ansehn bei den Gemeinden; und die Verwaltung drückt das Organ der kirchlichen Sinnesäußerung zu bloßen vor- und nachberathenden Collegien herab." Ich kann aus Erfahrung bezeugen, daß die independentistischen Stimmungen am Niederrhein zum größten Theile aus diesem Uebelstand ihre Nahrung saugen. Legt der jetzige Synodalpräses allen rheinischen Kreissynoden die Frage zur Berathung vor: „was zu thun sei, da in etlichen Kreisen seit längerer Zeit treue Glieder der Kirche durch Sectirer zum Abfall verleitet würden, unbefangene und gläubige Seelen vor diesen Verführungen zu bewahren?" so gibt es eine sehr einfache Antwort darauf: man mache zuerst dem von Nitzsch gezeichneten Bürgerkrieg in der Kirche ein Ende! Wie zu helfen, wie die ganze Organisation der Provinzen einheitlich zu gestalten wäre, hat die Synode seit 1844 sich gefragt und stets in derselben Weise beantwortet. Die geänderte Gesetzgebung zwang sie aufs neue 1849 dazu, indem § 15 der Staats-Verfas-

---

über die Verfassung alles was zu sagen war in Einem Satz gesagt: „jedesmal die Beschlüsse blieben unbestätigt, auf welche die Provinzialsynode das meiste Gewicht legte, auch in Fällen, wo sie nicht den Staat, noch die Sitte, noch das Bekenntniß irgend verletzten und in sich ganz unverfänglich waren."

fung der ev. Kirche die selbstständige Ordnung und Verwaltung ihrer Angelegenheiten zusprach. „Die eingetretene Staatsveränderung ist über das Grab der todt geborenen Vereinigung von Consistorial- und Presbyterialverfassung hinweggeschritten" sagte Nitzsch (September 1849). Die Synode ist dabei den einzig richtigen Weg gegangen. Anerkennend, daß sie Namens der ganzen Provinz auf die bergische alte Synodalverfassung grade so wenig zurückgehn konnte als sie eine Berufung auf die alte Wild- und Rheingräfliche K.-O. gegen sich anerkennen dürfte, daß die K.-O. mit Einem Wort einzig und allein der gesetzliche Boden unsrer Kirche ist, — hat sie dieselbe revidirt, und das in ihr waltende presbyteriale in das synodale sich erweiternde Prinzip ohne Gewaltthätigkeit und in gewissenhafter Schonung bestehender Rechte zur vollen Entfaltung gebracht. Das Prinzip selbst erkannte sie dadurch selbst in höchster Weise an, daß sie — die rheinische ebenso wie die westphälische — den Entwurf der Revision vorab erst in sämmtlichen Gemeinden, danach in den Kreissynoden durchberathen ließ.

16. Die revidirte K.-O. von 1851. — Die rheinische Kirche ist, in Dankbarkeit und bewährter Treue dem hohen Herrscherhause unsres Vaterlandes verbunden, an den Rechten unsres Königs nicht vorübergegangen. Sie hat durch ihre klare Erkenntniß nicht nur davon, daß die Rettung und größere Gestaltung evangelischer Kirchen nach Gottes Leitung frommen Fürsten anvertraut gewesen, sondern auch davon, daß nach der geschichtlichen Entstehung der evangelischen Kirche überhaupt ihr Verhältniß zum Staat sich als ein innerlicheres hat entwickeln müssen, geleitet, gerne die Rechte des evangelischen Königs anerkannt, klar ausgesprochen, fixirt. Sie hat auf der anderen Seite in Wahrhaftigkeit ihre besondere Stellung eben so wie ihren Anschluß an die Gesammtkirche des Vaterlandes sich zu wahren gewußt.

Ich darf, Bekanntes auch hier voraussetzend, mich darauf beschränken, diejenigen Hauptbestimmungen der rev. K.-O. welche die Grundzüge der neuen Gestaltung enthalten, anzuführen. Es wird sich aus ihnen am klarsten ergeben, daß sie nicht gewaltsam, nicht umstürzend, sondern nur die vorhandenen Verhältnisse umbildend und neu gliedernd zu verfahren brauchte.

Verhältniß der rhein.-westph. Kirche zur Landeskirche. § 159. „Als Glied der ev. Landeskirche behauptet die ev. Kirche von Westphalen und Rheinland zwar ihre provinzielle Eigenthümlichkeit und Selbstständigkeit in Lehre, Cultus und Verfassung, erfüllt aber im Bewußtsein des von der Landeskirche ihr zufließenden Segens willig jede Verpflichtung, welche, unbeschadet jener Eigenthümlichkeit und Selbstständigkeit, der auf der Einheit des Bekenntnisses ruhende organische Zusammenhang mit der Landeskirche ihr auferlegt.“ § 160. „In diesem Sinne wird sie eine von der höchsten Staatsverwaltung geschiedene, rein kirchliche, Inneres und Aeußeres (Interna und Externa) umfassende höchste Verwaltungs-Behörde, und als gesetzgebendes Organ der Landeskirche eine auf organischer Vertretung der Kirche ruhende Landessynode anerkennen.“

Ihr Verhältniß zum Staate. § 158. „Die ev. Kirche die in ihren Bekenntnißschriften den Staat für eine gleichberechtigte göttliche Ordnung, und für verpflichtet, die Kirche in ihren Rechten gegen jede Beeinträchtigung zu schützen, erklärt, hat vermöge ihres unveräußerlichen (auch in § 15 der Verfassungs-Urkunde vom 31. Jan. 1850 anerkannten) Rechtes, ihre Angelegenheiten selbstständig zu ordnen und zu verwalten. Eine positive Einwirkung des Staates und seiner Behörden auf die Angelegenheiten der ev. Kirche findet nicht statt; unbeschadet der anerkannten Rechte des evangelischen Königs.“

Ihre Provinzialsynode. § 50. „Sie besteht aus ihrem Moderamen und den Abgeordneten der Kreis-Synoden. Der ev. König ist berechtigt ihr durch einen Stellvertreter ev. Confession beizuwohnen, welcher zu jeder Zeit das Wort ergreifen darf.“ — § 51. Ihr Moderamen besteht aus dem Präses und seinem Stellvertreter (Assessor). § 54. Sie ist gesetzgebendes Organ der Provinzialkirche. Beschlüsse, welche sie in Beziehung auf Bekenntniß, Lehre und Verfassung der Kirche faßt, treten erst dann in Kraft, wenn sie die Bestätigung des Königs auf Vortrag der Landes-Kirchenbehörde (§ 160) erhalten haben. § 59. Die vollziehende und verwaltende Behörde der Synode ist das Consistorium. § 60. Es zählt sechs Glieder deren Eines Amt und Titel eines General-Superintendenten führt[34]. § 61. In wichtigen Fällen zieht dasselbe Synodalglieder (welche die Synode dafür bezeichnet hat) zu seinen Berathungen. § 62. Ein neuer Consistorialrath wird von dem König aus einer Dreizahl gewählt, welche auf Vorschlag des Consistoriums durch die Synode gebildet ist; bei Erledigung der Stelle eines General-Superintendenten wählt die Synode (ohne an Vorschläge des Consistoriums gebunden zu sein) eine Dreizahl, aus welcher der König Einen ernennt.

Diese bevorzugte Stellung des Königs leitet die Synode nicht aus dem neuen Begriff eines membrum praecipuum, nicht aus dem eines bischöflichen Rechtes, sondern „aus dem Gesichtspunkt des geschichtlichen Zusammenhangs, der Einheit und Freiheit der Landeskirche, aus dem sittlichen Motiv freier Aneignung der Macht und Liebe des ev. Königs zur ev. Kirche" her. Es ist nichts Geringes, daß sie im Blick auf unsre Könige so freudig reden kann. Sie sind die Erben von Kurfürsten, welche die alte Clever Synode (1654) „Pfleger der Kirche" nannte.

Die Rücksicht, welche der Staat auf die erst angebahnte Entwickelung der ev. Kirchen der übrigen Provinzen nimmt, nachdem andere Anstände verschwunden sind, werden nun zwar die Geneigtheit zur Bestätigung dieser ev. K.-O. welche seit 12 Jahren erbeten ist, nicht vermehren; um so eher scheint es Pflicht der rheinisch-westphälischen Kirche um ihres eigenen Heiles willen zu bedenken, daß sie nicht, um an einer möglichst uniformen Ausbildung aller preußischen Provinzialkirchen Theil zu nehmen, ihre Kräfte

34) Daß neben dem Generalsuperintendenten noch ein Consistorialpräsident hergeht (§ 60) ist schon durch die jetzt bestehenden Verhältnisse unmöglich gemacht, da dauernd und anerkannt der Generalsuperintendent als Präsident fungirt. Die Synode wird an diese Stelle der K.-O. wohl die durch 12jährige Erfahrung gewissere, bessernde Hand legen müssen.

darf verkümmern lassen. Die rheinisch-westphälische Kirche kann, in aller Demuth Gottes Güte preisend, mit dem eigenen Ueberfluß dem Mangel der anderen dienen wollen (2 Cor. 8, 14), nicht durch den Mangel anderer sich auch zum Mangelleiden verpflichtet wähnen. Unsre Synode hat (1859) erklärt, ihre Stellung sei aus einer abwartenden eine erwartende geworden; ein Wortspiel aber wird auf die Dauer nicht genügen.

Die Voraussetzungen und Verhältnisse, unter welchen die K.-O. von 1835 gegeben ist, sind nicht nur dadurch, daß § 15 der bestehenden Staatsverfassung unsre ev. Kirche ganz eben so und mit denselben Worten wie die katholische zur selbstständigen Ordnung und Leitung ihrer Angelegenheiten beruft und verpflichtet, sondern viel mehr noch dadurch, daß lediglich in Folge dieses § 15 die kath. Kirche diese selbstständige Ordnung und Leitung ohne Weiteres ergriffen hat, — durch den Staat selbst — vernichtet. Unmöglich kann also die alte K.-O. da dauernd mit Recht bestehn, wo sie jene Verhältnisse voraussetzt.

Von zwei, nach Gottes Zulassung sich bekämpfenden, Kirchen die eine frei schalten lassen und die andere staatlich gebunden halten, heißt nichts anderes als der einen auf Kosten der anderen helfen.

Wenn die ev. Kirche unsrer Provinzen ungehindert ausgestaltet wird leben und weben können, wird sie dem Reiche Gottes, wird sie dem Könige, wird sie dem Vaterland mehr werth sein und wesentlichere Dienste leisten als sie es jetzt vermag.

17. Verfassungsversuche der östlichen Provinzen. Mißlingen und Gelingen. — Wenn ich nun Ihren Blick auf die uns zumeist interessirenden und vollendeten Verfassungsversuche anderer Landeskirchen lenke, so kann ich dabei kurz mich fassen, weil ich im bisher Gesagten bereits diejenigen Punkte absichtlich schärfer hervorgehoben habe, welche unsre K.-O. von ihnen unterscheiden und zum Theil scheiden.

Das erste Anrecht auf unsre Aufmerksamkeit haben die ev. Kirchen der übrigen Provinzen unsres preußischen Vaterlandes.

Es ist leicht gesagt was hier zu sagen ist.

Als der kirchliche Territorialismus (wie rings umher) in unserm Staat in Blüte stand, da war das Letzte was geschehen konnte, daß (16. Dez. 1808) alle noch bestehenden kirchlichen Centralbehörden und Consistorien aufgehoben und die Kirchensachen einer Abtheilung des Ministeriums des Innern und den Königlichen Regierungen überwiesen wurden. Hier zu Land, am Rhein, waren sie, so weit der Fürst sie leitete, schon seit 1614 den sogenannten „Regierungs-Räthen" übertragen gewesen. Damit war der letzte Schritt gethan. Weiter ging es nicht. Was geschehen konnte war geschehn. Der rückläufige Weg von den Versuchen der Reformationszeit Synoden zu bilden bis zum Dintefaß des Regierungsraths war durchlaufen; ein Weg von nahe drei Jahrhunderten. Die Kirche war nur zu sehr „die innere Seite des Staates" geworden! Nur Umkehr oder ihre Vernichtung war übrig. Der Staat wählte die Umkehr und machte den ersten — mißlungenen — Versuch zum Bessern. Ein Gewinn war es, daß ein Cultusministerium (1817) errichtet wurde, und tausend kleinere Reformen bewiesen den besten Willen. Aber das Bild der großen Landeskirche und ihrer Darstellung in Synoden, was allerdings als letztes Ziel den Arbeiten hätte vorschweben können, trübte den Blick für die allernächsten Einrichtungen welche gemacht werden mußten um dahin zu gelangen. Statt die Gemeinden, welche das bestehende Gesetzbuch sogar einzig als Gesellschaften und durchaus nicht als Stiftungen faßte, auszubilden und auszubauen, begann man den Thurmbau beim Dach. Ohne Gemeinden zu besitzen, war schon in einer Ordre vom 16. Nov. 1816 von einer Generalsynode die Rede, als deren Vorstufen gleichsam 1817 die Kreissynoden nach schweren Vorarbeiten versammelt wurden. Diesen Synoden ward ein Entwurf einer Kirchenordnung, welche auch auf die Verfassung der Einzelgemeinde Rücksicht nahm, vorgelegt. Statt von oben wenigstens jetzt sich nach unten zu wenden, stieg die Bewegung noch höher hinauf: Provinzialsynoden wurden als reine Geistlichkeitsversammlungen berufen (1819), deren Berathungen in den Sand verliefen. Der fundamentlose Bau zerfiel in sich selbst.

Der zweite mißlungene Versuch die Kirche zu fördern,

rührt aus der Erneuerung des ersten Mißgriffs her. Wieder wurden — bevor die landrechtlich bestehenden Gemeinden ausgebildet waren — 10. Juli 1843 Diözesan- (Kreis-) Synoden in den sechs östlichen Provinzen, am 21. September 1844 sogar Provinzialsynoden, ja 1846 zu Pfingsten die Generalsynode des Königreichs berufen.

Der dritte Versuch traf wie seine Vorgänger keine Gemeinden, und konnte nur mißlingen. Als Graf Schwerin im Frühling 1848 ernstlich der Kirche dienen wollte, war was er vorschlug — eine Landessynode. Glücklicher Weise kam sie nicht zu Stande und wurde damit der Kirche ein nutzloses Experiment erspart. Auch erwies sich bald, daß der Sinn für das was Noth thue sich geklärt hatte, denn die (von Ladenberg) über die brennende Frage eingeholten (15. Januar 1849) Gutachten forderten mit großer Einmüthigkeit: daß zuerst doch nun die unteren Stufen organisirt würden, ehe man die höheren zu bilden versuche.

Der neue, vierte Versuch, den der König darauf begann, ist nicht am Irrthum es müsse von oben nach unten gehn, sondern an der Ungunst vieler Menschen und vieler Dinge, die alle dem Bau von unten nach oben zuwider waren, verunglückt. Der am 26. Jan. 1849 eingesetzte Oberkirchenrath wußte sonnenklar und wollte aufrichtig das worauf es ankam, um nicht wieder einen Schlag ins Wasser zu thun; er erklärte: vor allen Generalsynoden seien erst die Organe zu schaffen, aus denen sie „hervorgehen“ könnten. Kein Wort trifft richtiger die Sache. Am 29. Juni 1850 schon gab der König den östlichen Provinzen die kirchliche Gemeinde-Ordnung. Es ist unnöthig hier auszuführen, wie theilweise die großen wirklichen Schwierigkeiten, welche ihrer Einführung entgegenstanden, viel mehr aber Zaghaftigkeit, bis zum Widerwillen gesteigertes Mißtrauen gegen christliches Leben als Gemeindeleben, sogar confessionelle Spannung[35]), das große Unternehmen gelähmt

35) Die Denkschrift des O.-K.-R. vom 30. März 1856 berichtete, daß in Pommern nur einzelne Gemeinden sich zur Annahme der Organisation bereit erklärt hätten, in Brandenburg sich zum Theil die liberale Ver-

haben. War der König nach und nach den Synoden abgeneigt gemacht worden, so doch nicht dem ererbten Streben nach Einigung der Landeskirche. Um zur liturgischen Einheit und allgemeinen Einführung des Diakonats zu kommen ward, ohne Gemeinden für welche diese Liturgie sein und in welchen dieses Diakonat leben sollte, die Vorbereitung einer Landessynode dadurch getroffen, daß (12. Nov. 1855) jene Conferenz (1856) berufen ward, welche über Worte nicht hinauskam. In einigen Provinzen nur war ganz oder theilweise das Gemeinde=Statut geltend geworden, als die frommen Augen brachen, welchen es lebenslang Freude gewesen war „zu sehn die schönen Gottesdienste" seines Herrn.

Nach vier mißlungenen Ansätzen betrat unsres nun regierenden geliebten Königs Majestät festen Fußes die dornenvolle Bahn. Der Mann, welcher gerüstet mit langer presbyterialer Uebung und Erfahrung, mit warmem Herzen für seine Kirche, mit eben so hellen Augen für ihre Noth als bewährter Liebe für ihren Ausbau, ihm zur Seite stand, der von uns allen hoch und dankbar geehrte Minister Herr von Bethmann=Hollweg, konnte freudig dem großen Werk leitend und dienend zugleich seine ganze Kraft weihn. Die Ordre vom 27. Febr. 1860 nimmt die stockende Sache auf, indem sie befiehlt in allen ev. Gemeinden, in welchen ein für die inneren und äußeren Angelegenheiten bestellter Gemeindevorstand (Presbyterium ꝛc.) noch nicht besteht, denselben einzurichten; da aber wo diese Collegien bereits bestehn mit der Einrichtung von Kreissynoden unverweilt vorzugehn; — indem die Durchführung dieser Gemeinde=Ordnung die wesentliche Vorbedingung für die größere Selbstständigkeit der Landeskirche sei [36]). Es thut wohl, von Synoden hier zu hören

---

fassungsansicht, in Posen die confessionelle Richtung als ihre Gegnerin erwiesen, in Schlesien drei Siebentel, in Sachsen die Hälfte, in Preußen drei Viertel der Gemeinden organisirt seien.

36) Nur hier will ich erklären, daß ich mit den Artikeln im Ev. Gemeindeblatt für Rheinl. und Westphalen 1862. No. 11. 12. 13 über die „Verfassungsfrage", etwas wilden Herzensergüssen eines offenbar Verspäteten, nicht übereinstimme. Mag die Rheinische Synode sich mit ihm über Vorwürfe abfinden wie die: daß sie der Kirche Schutz beim Staate

ohne auf Provinzial- oder Reichssynoden verwiesen zu werden: und gründlicher als durch diesen Erlaß kann es nicht documentirt werden, daß die Kirche der östlichen Provinzen die Macht hat, nach den ihr gegebenen Kräften von unten auf naturwüchsig sich zu entfalten, ohne befürchten zu müssen, durch große Synoden und ihre generalisirenden Beschlüsse getrieben zu werden, für den Preis einem großen Verbande anzugehören im kleineren beengt zu sein. Die Stellung der aus so verschiedenartig angelegten und entwickelten Provinzen hervorgehenden Provinzialsynoden zu einander wird ja immerhin mehr eine freie, föderative sein müssen; und treten die beiden westlichen der Monarchie mit den östlichen zu Einer Reichssynode zusammen, so wird diese als ihre erste Pflicht nur erkennen können, die Einigkeit nach Augustins Wort nicht anders als im Nothwendigen zu suchen [37]).

Fürs Erste wollen wir, in herzlicher Freude der Entwickelung der vaterländischen Kirche zugewandt, der in einigen Provinzen bevorstehenden Berufung von Kreissynoden, welche auf organisirten Gemeinden ruhn, den Segen des Herrn der Kirche erbitten, und als neuen Anfang gesunder Entwickelung begrüßen!

---

suchen lehre, Glauben und Orthodoxie verwechsele rc. Es ist lehrreich zu sehn, daß noch heute Verfassungsschwärmer von der Nichtberufung einer „constituirenden Landes- oder Generalsynode", welche „selbstständig die definitiven Beschlüsse über die Organisation der Kirche, von der Gemeinde an bis zur Spitze des Kirchenregiments zu fassen gehabt hätte" unsere jetzige Verlegenheit herleiten, gegen die erhabenen Schirmherrn unsrer Landeskirche, sich des Krause-Techow'schen Antrags getrösten, und nicht übel Lust zeigen wider das Haus der Hohenzollern das Haus der Abgeordneten aufzurufen.

37) Als Graf Schwerin eine Landessynode für die Monarchie berufen wollte (1848) verwahrte sich die rheinische Synode gegen deren etwaige Beschlüsse. Mit richtiger Würdigung der Verhältnisse erkannte der Minister an (31. Mai 1848) daß die rheinisch-westphälische Kirche allerdings diesen Beschlüssen nicht unterworfen sein und später zu beschließen haben würde, unter welchen Bedingungen sie der Landeskirche sich anschließen wolle. — Dennoch wollte er die Deputirten der westlichen Provinzialkirchen auf der Landessynode sehn (vgl. Entwurf zu ihrer Berufung 27. April 1848).

Die Kaiserlich-österreichischen Patente für Ungarn ꝛc. (1. Sept. 1859) für Oesterreich u. s. w. (8. April 1861) [38]) deren Abfassung nach Berathung mit einem warmen Freunde unsrer Presbyterial-Verfassung und in Anerkennung ihrer Prinzipien geschah, in das Gebiet unsrer Besprechung zu ziehn, ist nicht an der Zeit. Das erstere hat ja leider die Verwirrung nur vermehrt; das letztere ist in seiner Fassung zu allgemein und seine Wirksamkeit noch zu kurz als daß man wagen dürfte schon darüber zu urtheilen. Die sächsische Landeskirche ist im Begriff ihre bis dahin genuin consistoriale Verfassung durch Aufnahme presbyterialer und synodaler Momente zu verändern, und auch darauf bedacht die Gemeinde als solche zu Ehren zu bringen.

19. Organisationsversuch Oldenburgs. — Einen anderen Weg als den welche die rheinische Kirche geht sind andere Landeskirchen gegangen, indem sie das Gemeindeprinzip nicht anerkannten oder beseitigten und damit eine Presbyterialverfassung sich auf entlegene Zeit vertagt haben.

Es ist meine Sache aber auch meine Aufgabe nicht den Streit, in dem so viele Worte, gute und schlechte, schon geredet sind, über die Verfassung der evangelischen KK. Oldenburgs und Badens hier zu berichten. Beide Länder haben nun ihre Verfassung und welcher Art sie ist wird der Tag klar machen. Ich soll hier nur die Vergleichung zwischen den Prinzipien unserer K. O. mit den in den K.-O. der genannten Länder waltenden ziehn.

Die Oldenburger „verfassunggebende Synode" gab 1848 den (jetzt etwa 180,000) Protestanten des Landes auf Grund der deutschen Grundrechte die neue K.-O. Dieselbe kündigt zwar gleich zu Anfang ihre evangelische Kirche als Glied der evangelischen Kirche Deutschlands und mit dieser als einen Theil der gesammten evangelischen Kirche an, aber doch nur unter der Betheuerung „daß sie keine Beschränkung der Glaubens- und Gewissensfreiheit, weder

---

38) Die Patente selbst s. bei Walter a. a. O. S. 303 flg.; die Denkschrift von Richter über Ungarn bei Dove Z.-S. I, 1. S. 138 flg.

durch Bekenntnißschriften, noch durch kirchliche Anordnungen und Einrichtungen" dulde.

Nichts war dieser Ordnung fremder als eine christliche Gemeinde; ja sie wollte so wenig davon wissen, daß der Kirchenrath (Presbyterium) den alle großjährigen Protestanten wählen, zu seinem Vorsitzenden jedes beliebige seiner Mitglieder machen konnte. Entsprechend wählten auch wieder die großjährigen Protestanten die 14 Deputirten der Landessynode, zu welchen die Geistlichen 7 aus ihrer Mitte entsenden durften u. s. w. Ein von der Synode gewählter Oberkirchenrath war nur ihr verantwortlich.

Das evangelische Deutschland staunte über diese firme Anwendung der deutschen Grundrechte auf die evangelische Kirche. Es kam zu einer Prüfung der Sache beim Kirchentag[39]) (1851) und sein Ausschuß bat den Großherzog um gnädigsten Schutz und Hülfe für die oldenburgische Kirche gegen das Verfassungsgesetz vom 3 Juli 1849, was zwei fundamentale Charaktere habe deren jeder schon allein hinreiche die Kirche aufzulösen: die Beseitigung des Glaubensbekenntnisses nämlich und die Revolutionirung des Kirchenregiments, was die Oldenb. Kirche zur Freigemeinde mache, sie durch die Masse unterdrücken und unterwühlen lasse; . . . von Calvins und Beza's Grundsätzen (den Gründern der Synodalverfassung) sei in dieser Kirchenverfassung auch „nicht eine Spur" übrig[40]), sondern sie sei ganz und gar nur auf die Grundsätze von J. J. Rousseau und Ledru Rollin gebaut." Anders freilich dachte der Landtag von Oldenburg welcher, vom Großherzog zur Revision der Kirchenverfassung aufgefordert (1852, April) für dieselbe, die ihm eine „Presbyterial- und Synodalverfassung" erschien, aufkam und dem Fürsten nur ungern zugestand, die zur Erhaltung des

---

39) Den Wilkens als „damals noch ganz vom Geiste Hengstenbergs regiert" dessen Auslassungen beim Großherzog er als „fanatische Carrikirung einiger wirklicher Mängel" charakterisirt.

40) Merkwürdiges Wort aus der Feder des Mannes der das Schreiben an den Großherzog entwarf, Stahl's. Und ein Wort zu dem er sich bis zuletzt bekannt hat. Vergl. s. Kirchenverfassung. Erlangen, 1862. S. 336.

Bestandes des Kirche nothwendigen Aenderungen unter Zuziehung der Synode und ihres Oberkirchenraths damit vorzunehmen. Von diesen Aenderungen aber verwarf die Synode z. B. diejenige, welche die Minderzahl der Geistlichen auf der Synode aufhob; sie ließ Kreissynoden zu, aber lehnte den Vorsitz durch Geistliche ab; sie wollte von der Beschränkung nichts wissen, welche von den in den Kirchenrath wählbaren großjährigen Protestanten wenigstens die ausschloß, welche durch Religionsverachtung oder unehrbaren Lebenswandel öffentliches Aergerniß gäben; — und der Oberkirchenrath betheuerte, ihm sei die bestehende Kirchenverfassung niemals revolutionär erschienen, weshalb er auch nur zugab, daß die Landessynode aus 12 Geistlichen und 17 Laien bestehen und der Großherzog 5 Deputirte entsenden könne. Aus diesen Verhandlungen entstand die jetzt noch gültige revidirte und mannigfach gebesserte oldenburgische Kirchenverfassung (vom 11. April 1853). Nenne man sie Synodalverfassung: — jede synodal verfaßte Kirche ohne Presbyterien ist ein Riese auf thönernen Füßen. Selbst die synodale Kirche Polens ist bei all ihren Gaben und Blutzeugen, trotz vierteljähriger Distrikts- jährlicher Provinzial- und außerordentlicher Generalsynoden dahin geschwunden wie Schnee vor der Sonne.

Ueber die Prinzipien der Oldenburger K.-O. haben wir den Kirchentag gehört. Wenn ich vom Standpunkte unsrer Verfassung sie ansehe, so kann ich nur meine Behauptung wiederholen sie habe das unsre K.-O. charakterisirende Gemeindeprinzip nicht anerkannt. Wenn nun aber einerseits darauf hingewiesen ist, daß die Oldenburger Synode 1853 (vergl. Allgem. K.-Z. d. J., S. 288. 312) mit 19 gegen 3 Stimmen das Eingangsgebet der Presbyterialsitzungen verwarf, 1854 das Eingangsgebet der Synoden nur mit 2 Stimmen Majorität rettete: — so glauben wir doch andrerseits gewichtigen Stimmen, daß zur Zeit die Oldenburger Kirche sichtbar in praktischem Christenthum wachse. (Wilkens in Schenkels Ztschr. I. 2). Nur wird man nicht glaublich machen können daß das wegen, sondern eher behaupten dürfen daß dies trotz dieser K.-O. geschehe. Abgesehen davon, daß sie den vor 1848 in Oldenburg bestehenden kirchlichen Verfassungszuständen gegenüber, als vorläufiger Anfang zum Bessern Vielen erscheint, dürfen wir nicht vergessen, daß auch in Oldenburg die treibenden den ganzen Protestantismus seit Jahren bewegenden und begeisternden Gedanken eingeströmt sind, besonders aber, daß keine Ordnung Leben gibt oder nimmt, sondern das vorhandene eben nur ordnet, und es höchstens hemmen oder fördern kann. Hat man in Oldenburg an den doch nun bestehenden Vertretungen der Parochieen, an den Kirchenräthen anknüpfend, den Begriff der Gemeinde nur erst einmal wiedergefunden, so wird die jetzige K.-O. einer solchen Platz machen müssen, welche Gemeinden zu bilden für die erste praktische Aufgabe erkennen wird.

20. Organisationsversuch Badens. — Als 22. Okt. 1861 die siebente Oldenburgische Synode zusammentrat, konnte der Minister in der Eröffnungsrede seine Freude darüber ausdrücken, daß die Prinzipien der Oldenburger Verfassung jetzt auch anderwärts Geltung fänden.

So viel ich weiß beschränkt sich diese weitere Anwendung der dortigen Prinzipien auf die Kirche Badens [41]). Wie weit sie aber hier gehe: ob die Oldenburger K.-O. nur neben unsrer Rheinischen als Quelle der Badischen benutzt sei (wie die Kirchenbehörde Badens in ihrem Vorwort erklärte); oder ob sie in ganzen 80 §§. in die neue badische übergegangen ist (wie Hundeshagen behauptet) und ihr förmlich zum Grunde gelegt ist (wie das Bad. Evang. Kirchen- und Volksblatt nachzuweisen suchte): das sind Fragen welche hier nichts verschlagen. Uns kümmert vielmehr die Frage: ob es wahr sei was in Folge der Einführung der neuen K.-O. von Baden herübertönt, daß die Stunde aller Presbyterialverfassung geschlagen habe und die Axt ihr an der Wurzel liege? Denn man hat dort nicht wie in Oldenburg mit seiner neuen Kirchenverfassung sich genügen lassen: man ruft sie vielmehr als die einzig noch mögliche aus, greift die ererbte Presbyterialverfassung als todte

41) Die Nassauer Protestantenversammlung zu Diez (23. Okt. 1861) ist von dem Fürsten „sehr kühl" aufgenommen. In Hamburg scheinen die Aussichten eben jetzt günstiger.

ausgelebte Form schonungslos an und zwingt dadurch auch uns die wir sie für lebendig und lebenskräftig halten, so gern wir möchten mit allen Menschen, besonders mit den badischen Brüdern Frieden halten, zur Abwehr.

Das Prinzip der badischen K.=O. haben ihre Vertheidiger zum Theil als das „Gemeindeprinzip", zum Theil aber als das des „kirchlichen Constitutionalismus" angegeben. Ihre Autoren freilich haben so wenig wie die der Oldenburgischen an einen solchen gedacht. Sie haben den Entwurf durchaus nicht in dieser Meinung angekündigt, und die Oldenburger glaubten auch nichts anderes als eine synodale Verfassung geschaffen zu haben. Soll auf Theilung der Gewalt — denn das doch ist der Charakter der Constitution — durchweg die badische Verfassung ruhn: so ist mindestens nicht einzusehn was eine solche Theilung nöthig macht. Wenn die Gemeinden als Gemeinden gefaßt werden, so ist ihre Regierung (das gubernare der Symbole) eben Selbstregierung; so wird die Regierung der Gesammtkirche Selbstregierung; Alle leben da für Einen, jeder Eine für Alle. Eine organisch gegliederte gottesdienstliche Gemeinde, wie hier zu Lande sie besteht, läßt sich höchstens logisch als in zwei Theilen bestehend zerlegen: in die leitende und geleitete; eine faktische Theilung besteht darum nicht weil die geleitete die leitende freiwillig aus sich setzt, aus sich immer neu gestaltet, die eine immer auch die andere ist. Den Gegensatz zwischen Geistlichen und Nichtgeistlichen, wie es in Baden geschehen ist, wieder einführen, um auch hier zu zwei sich überwachenden Theilen zu kommen, scheint mir wenigstens unevangelisch zu sein. Möge die Badische K.=O. die bezeichnenden Wörter der mittelalterlichen Kirche scheu vermeiden: sobald einmal „Geistliche" und „weltliche Mitglieder" der Kirchengemeinderäthe mit besonderen Funktionen auftreten, zur Diözesensynode die weltlichen Glieder ihren Deputirten ohne Concurrenz des Pfarrers wählen (§ 47), zur Generalsynode die betreffenden geistlichen 24 geistliche, die weltlichen Wahlmänner 24 weltliche Abgeordneten ernennen (§ 61): so ist der Rückschritt in vorreformatorische Zeiten gethan, so sind wieder „Pfaffen" und „Laien" geschaffen.

Ich kann denen nicht Recht geben, welche glauben den Autoren der badischen K.=O. sei unverhofft eine ganz neue Verfassung — des Constitutionalismus[42]) — gelungen, und kann nur glauben es sei ihnen eine ganz alte Verfassung — des Synodalismus — mißlungen. Mit Aufstellung der constitutionellen Beschreibung derjenigen Mächte, welchen vertragsmäßig und auf allen Stufen die getheilte Gewalt nun zukomme hebt so wenig sie wie die Oldenburger Verfassung an: vielmehr geht sie wie eine presbyteriale von der Gemeinde aus um endlich beim Fürsten als demjenigen anzukommen, welcher durch den Oberkirchenrath seine „landesbischöflichen" Rechte ausübt. Beginnt sie aber mit Gemeinden, will sie wirklich in ihnen wurzeln: so dürfen wir, auf das Vorgetragene uns beziehend, gewiß behaupten, daß dann entweder der Landesbischof oder die Gemeinden in einem neuen Sinne zu verstehen sind. Letzteres ist der Fall.

Die erste Verheißung der K.=O. zwar, daß „die badische Kirche, als organisches Ganzes, von seinen Urbestandtheilen (den Gemeinden) ausgehend, die vereinzelte Wirksamkeit derselben in immer umfassendere Kreise vereinige" (§ 2), ist so gründlich presbyterial daß wir wörtlich und in Wahrheit von unsrer Kirche dasselbe sagen zu dürfen nur wünschen können; aber sie hält diese Verheißung nicht. Nicht nur deshalb weil sie die Gemeinden zwar zu Kreissynoden zusammenfaßt (§ 46), diese Bahn aber plötzlich verläßt indem sie (§ 60) die Generalsynode nicht als die Zusammenfassung der Kreissynoden sondern der Einzelgemeinden des Landes hinstellt — eine Duplicität, in der nur das Gegentheil eines einheitlichen Organismus zu erkennen ist —: sondern vornehmlich weil sie die Subjekte, die Einheiten nicht hat, welche im Stande sind ihre Wirksamkeit wirklich gegliedert aufsteigen zu lassen bis zu einer letzten Zusammenfassung, durch alle Stufen Segen spendend und empfangend. Auf diesen Nachweis, daß den Gemeinden der badischen K.=O., als seelsorgerisch circumscribirten Arealen, diejenigen Eigenschaften fehlen, welche den Begriff einer evangelischen Gemeinde constituiren, darf ich mich hier beschränken. Es ist ziem=

42) Das bezeichnende Wort fiel erst auf der Synode, welche den Entwurf (vom 15. April) zu prüfen hatte — 5. Juli ffg. T. 1861.

lich gleichgültig, weil zufällig, wie der weitere Bau der Kirche gedacht und vollzogen ist. Das beste Haus fällt wenn es auf morschem Fundament steht[43]).

Das erste Recht einer Gemeinde ist, festzusetzen wer zu ihr gehört? Zu unsern Gemeinden gehören als Glieder nur die, welche ihr Bekenntniß gethan, sich also zu den Grundsätzen der Gemeinde bekannt haben (§ 2); Glied der badischen Gemeinden aber wird der evangelische Protestant durch den „Aufenthalt im Kirchspiel"; der Wohnsitz gibt das Recht, nicht das Bekenntniß, nicht die Gesinnung entscheidet, sondern die Scholle (§ 8).

Ein Theil dieses prinzipalen Gemeinderechts ist die Entscheidung darüber, wer nicht mehr zur Gemeinde gehört. Auch hier läßt die badische K.-O. ihre Gemeinden im Stich, indem sie ihren Vorständen das Recht der Kirchenzucht nicht zuerkennt[44]). Das größte Recht, die Theilnahme am heil. Abendmahl, in dem die Gemeinde den höchsten Akt der feiernden Selbstdarstellung vollzieht, beruht auf der Einpfarrung (§§ 8, 10). Selbst die Stimmberechtigung für die Wahl der Gemeindevertreter hängt von politischen Merkmalen ab (§ 14; 1. 2. 3); von ihr ausgeschlossen ist nur der bürgerlich Bescholtene, der gerichtlich Verurtheilte ꝛc. also, daß statt der Gemeinde die öffentliche Gewalt handelnd gedacht ist[45]). Nicht einmal über ihr ganzes ererbtes Eigenthum hat die

43) Steinacker — nicht der Einzige dem es „zu hoher Freude und Befriedigung gereichte" daß den von ihm früher schon gehegten und ausgesprochenen Verfassungsanforderungen „die Verwirklichung dem größten Theile nach in der neuen badischen Kirchenverfassung auf dem Fuße nachfolgte" — überhebt mich des Nachweises dieser Zufälligkeit; auch er muß die badische Organisation „nicht streng principiell" finden. Vergl. Zur Verfassungsfrage der prot. Kirche in Deutschland. Leipzig, 1862.

44) Die Kinder lernen trotzdem im neuen badischen Katechismus Frage 103: „Was ist das Amt der Schlüssel? Antwort: Es ist die Gewalt die Christus seiner Kirche gegeben hat: den bußfertigen Sündern auf Grund des Evangeliums die Sünden zu vergeben, den unbußfertigen aber die Sünden zu behalten so lange sie nicht Buße thun." s. Katech. für die evang. Kirche in Baden. Karlsruhe 1856. S. 46.

45) Nicht das Bekenntniß des Glaubens ist es, was die Mitgliedschaft

Gemeinde frei zu verfügen, und muß, da die Pfarrer nur nach ihrem Dienstalter in höhere Gehälter einrücken, was ihrem Pfarrer über das ihm Gebührende aus seiner Stelle zufließt, an eine Centralkasse abführen, welche verdienten, alten und bedürftigen Geistlichen aufhilft (§§ 100—102); nur vom Wahlrecht zur Gemeindeversammlung (von anderen Rechten nicht) kann der Kirchenrath, wenn er mit der Gemeindeversammlung übereinstimmt, den ausschließen welcher wegen Religionsverachtung oder unehrbaren Lebenswandels öffentliches Aergerniß gegeben hat (§ 14, 5); die Gemeinde ist als so urtheilslos gesetzt, daß ihr nur der „Antrag" darauf zugestanden wird (§ 37, 4) einen sich meldenden Confirmanden oder Proselyten nicht in sich aufnehmen zu müssen.

Es irren also diejenigen, welche den etwas weiten Namen des kirchlichen Constitutionalismus Preis geben um der badischen K.-O. nachzurühmen: sie habe den Fortschritt zum Gemeindeprinzip gemacht[46]. Wahr ist, daß sie den Rückschritt aus dem Gemeindeprinzip in das Kirchspielprinzip, in das Weite der gemeindelosen Kirche gemacht hat. Ihr Prinzip ist mehr noch als das des Constitutionalismus das der Verzweiflung. Der Verzweiflung an der gnädig vom Herrn geleiteten bisherigen Entwickelung aller presbyterialen Kirchen, deren Ziel es gewesen und geblieben ist ihm stets wohlgefälliger zu werden, deren Todesurtheil aber in Baden dahin formulirt wird: der Presbyterialismus könne nicht mehr gedeihen weil für die jetzige Christenheit die Basis desselben zusammengebrochen sei, beides sein theoretisches Fundament und sein praktischer Zweck, der Glaube an die göttliche Einsetzung des Amtes und die Handhabung einer durchgreifenden Kirchenzucht; der

---

zur Gemeinde bedingt; und damit stimmt, daß nicht die Buße des Gefallenen sondern die Zeit sein Wahlrecht wieder herstellt. Auch dem welcher wegen eines Vergehens bürgerlich bestraft, zum Glauben käme, droht der ganz allgemeine Satz „ausgeschlossen vom Stimmrecht ist . . der zu einer Strafe gerichtlich verurtheilt worden ist bis zum Ablauf des fünften Jahres nach erstandener Strafe" § 14, 3.

46) So vor Allen der Heidelberger Anonymus „die neue Kirchenverfassung der prot. Kirche Badens 1861."

Verzweiflung an der evangelischen Kirche überhaupt und besonders der badischen, als die nur noch einen letzten Akt der Selbstvernichtung vor sich hat um in den Staat aufzugehn.

Der „jetzigen Christenheit“ Sache wird es sein, zu entscheiden ob sie in der Stimme aus Baden ihre Stimme erkenne. Wir für unser bescheiden Theil erkennen sie darin nicht.

Die rheinische Kirche kann den badischen Satz: wenn es für die evang. Kirche der Zukunft eine Verfassung gebe, so könne es nur der kirchliche Constitutionalismus sein, so selbstgewiß er auch auftritt nur für unrichtig halten, und wird durch ihre eigne Existenz fortdauernd das zu beweisen die Freude haben[47]).

Die badische Kirche wird mit ihrer Lebenskraft wie über so Manches schon, so auch über diese K.-O. hinweg und zu einer solchen kommen, welche Gemeinden zu bilden für erste Pflicht hält.

Es ist schmerzlich, in den Kampf für die badische K.-O. Männer von bedeutendem kirchlichen Namen verflochten zu sehn; sie werden uns nicht einer „pietistisirenden Dogmatik“ zeihen wenn wir am Psalmwort halten „große Leute fehlen auch.“ Schmerzlicher noch ist es, daß man grade in Baden, auf einem alten Segensgebiet der evangelischen Kirche, die vorhandenen besten Keime evangelischen Gemeindelebens, statt sie auszubilden, verkannte. Wenn in Oldenburg, wo von Synoden, von Gemeinden, von Zucht bis dahin nichts war, eine K.-O. mit diesen neuen Dingen ungestüm um-

---

47) Wenn übrigens der Entwurf der badischen K.-O. von den Verfassern auch mit Hinweisung darauf zur Prüfung empfohlen wurde „daß sich in ihr an zwei Stellen das Streben nach einer deutsch-evangelischen Kirche ausgesprochen finde, und also die evang. Kirche im Großherzogthum Baden die erste sein werde, welche in ihrer Verfassung die Anknüpfungspunkte zur Verfassung einer evangelisch-deutschen Gesammtkirche biete: so ist das nicht ganz richtig, da schon mehr als zehn Jahre vorher unsre revidirte „K.-O. für Westphalen und die Rheinprovinz“ mit den Worten schloß: „die evang. Kirche von Westphalen und Rheinland ist ihrerseits bereit, einer sich bildenden deutschen evangelischen Gesammtkirche sich anzuschließen.“ (Verhandl. der Rhein. Prov.-Synode von 1850, Duisburg 1851. Bagel. 8. S. 528).

geht, so muß man tragen, was nicht zu ändern ist[48]). Aber die badische K.-O. fand Gemeinden vor welche einmal lutherischer Seits eine „christliche Bußzucht durch das Kirchen-Censur-Gericht" in jeder Gemeinde[49]) und reformirter Seits ihre Presbyterien als gesetzt auch zur Handhabung der „Kirchenzucht" gehabt hatten. Die Verfassung von 1821 war der Ausbildung fähig; auch in diesem Punkt. Das Erstarrte hätte belebt, nicht für todt erklärt werden sollen. Es kommt nicht auf Rechnung der Noth sondern der Theorie was im Lande des Heidelberger Katechismus geschehen ist.

Die Frage auf die es in unsern Tagen bei den Verfassungsversuchen der evangelischen Kirchen überall ankommt ist: Herstellung der Gemeinden oder Vernichtung der Gemeinden.

Darf ich, wie es bei den hier gehaltenen Vorträgen gewöhnlich ist, in der Form von Vorschlägen schließen, so möchte ich Sie, verehrte Brüder, bitten mit mir eins zu werden in zwei Sätzen:

1. Das zum Synodalprinzip entwickelte Gemeindeprinzip ist das Grundgesetz evangelischer Kirchenverfassung; und

2. Die bevorstehenden Provinzialsynoden von Rheinland und Westphalen werden wohl thun, die Genehmigung der revidirten Kirchen-Ordnung von 1851 herbeizuführen weil dieselbe auch auf dieser Anerkennung beruht.

---

48) Wilkens a. a. O. S. 172 schildert die Zustände vor 1848 in Oldenburg folgender Maaßen: „die Kirchen leerten sich mehr und mehr; die Altäre verödeten; auch die fromme Gewohnheit war an vielen Orten gebrochen; ohne Widerspruch ward die Behauptung aufgestellt: keine Gemeinde habe irgend eine Höhe im christlichen Leben erstiegen, mehr für Siechthum und Armuth als für Lebensfülle und Bildungstriebe sprächen die Thatsachen."

49) s. Bähr, Revision der evang. K.-V. Frankfurt 1861.

Die rechtliche Bedeutung des Art. 15 der preußischen Verfassungs-Urkunde vom 31. Jan. 1850 *)

von

Dr. H. Achenbach.

Verehrte Anwesende!

Indem ich die rechtliche Bedeutung des Art. 15 unserer Verfassungs-Urkunde kurz auseinanderzusetzen versuche, bin ich mir der Schwierigkeit und Tragweite meiner Aufgabe wohl bewußt. In richtiger Würdigung der mir zu Gebote stehenden Kraft kann ich nicht beanspruchen, daß Sie den Inhalt meines Vortrages als maßgebend betrachten; nur den Wunsch darf ich aussprechen, daß Sie meine Worte als den Ausdruck meiner persönlichen Ueberzeugung ansehen wollen. Bei der folgenschweren und wichtigen Frage über die Emancipation der evangelischen Kirche vom Staate werde ich stets von der Auffassung ausgehen, daß die preußische

---

*) Dieser Vortrag ist in der Pastoral-Conferenz zu Bonn im Wesentlichen frei gehalten und auf Grund vorhandener Notizen im Anschlusse an die mündliche Rede niedergeschrieben worden.

evangelische Kirche und der preußische evangelische König, durch mannigfache Bande gemeinsam umschlungen, denselben Pfad wandeln müssen; ich werde stets, soweit dies in meinen schwachen Kräften liegt, an dem Streben Theil nehmen, jede Spaltung, wenn dieselbe je möglich sein sollte, zwischen dem evangelischen Könige und der evangelischen Kirche fern zu halten; ja ich würde für mein Theil sogar zu Opfern bereit sein, um jene Gemeinsamkeit dauernd zu befestigen. Gegenwärtig liegt es mir ob, von den verfassungsmäßigen Rechten der evangelischen Kirche in Preußen zu reden, und wenn daher Einzelnen unter Ihnen meine Worte nicht hinlänglich versöhnlich erscheinen möchten, so möge bedacht werden, daß es sich hier um die rechtliche Bedeutung des Art. 15 der preuß. Verfassungs-Urkunde handelt.

Der erwähnte Art. 15 lautet in demjenigen Theile, welcher von mir in dieser Stunde einer Erörterung unterworfen werden soll, wörtlich:

„Die evangelische und römisch-katholische Kirche, so wie jede andere Religions-Gesellschaft ordnet und verwaltet ihre Angelegenheiten selbstständig."

So einfach der Sinn und die Anwendung dieser Verfassungsbestimmung zu sein scheint, so verwickelt und schwierig ist die Auslegung und Ausführung derselben durch Zeit und Umstände geworden. Während ein ungetrübtes Auge und eine freie Auffassung in jenem Artikel die Anerkennung kirchlicher Selbstregierung und Autonomie auf den ersten Blick zu erkennen glaubt, belehrt uns der gegenwärtige Verfassungszustand der evangelischen Kirche in Preußen und insbesondere in Rheinland und Westphalen, daß jene Auffassung nicht überall völlig getheilt sein muß.

Nach der Meinung der Einen bildet nämlich Art. 15 nur eine Verheißung, ein Programm für die Zukunft, während nach der Ansicht Anderer der Art. bereits vollständig zur Ausführung gebracht sein soll, da gegenwärtig der Landesherr als membrum praecipuum der Kirche, nicht als Oberhaupt des Staates, die evangelische Kirche entweder Selbst oder durch Seine Behörden regiere. Nach der ersteren Ansicht bleibt also noch Alles zu thuen, um einem angeblich völlig abstracten Lehrsatze der Verfassung zu entsprechen, nach der anderen Auffassung ist der Inhalt des Artikels volles, wirkliches Leben geworden.

Beide Ansichten scheinen indessen unbegründet zu sein. Der Art. 15 der Verfassung ist kein bloßes Zukunfts-Programm, keine bloße Theorie, sondern eine positive Gesetzesvorschrift. Von dem Augenblicke der Gesetzeskraft der Verfassung an stehet gesetzlich fest, daß der Kirche und insbesondere auch der evangelischen Kirche die Ordnung und Verwaltung ihrer Angelegenheiten gebührt. Freilich ist hiermit noch nicht gesagt, daß sofort mit der Wirksamkeit der Verfassung die bisherige Thätigkeit des Ministeriums, der Consistorien und Regierungen, überhaupt des bisherigen Kirchenregimentes auf dem Gebiete der kirchlichen Angelegenheiten aufhören mußte. Nach Art. 110 der Verfassung, auf welchen man sich berufen hat, bleiben nämlich „alle durch die bestehenden Gesetze angeordneten Behörden bis zur Ausführung der sie betreffenden organischen Gesetze in Thätigkeit." Es erscheint daher allerdings hiermit festzustehen, daß Ministerium, Regierungen, Consistorien u. s. w. in provisorischer Wirksamkeit auf dem hier fraglichen Gebiete verbleiben, bis sie durch Abgabe ihrer kirchlichen Functionen den Art. 15 zur Ausführung gebracht haben, daß aber andererseits Art. 15 der Verfassung bereits als dasjenige Gesetz betrachtet werden muß, auf dessen Ausführung es nach Art. 110 ankommt.

Wie richtig diese Auffassung ist, beweist die Ausführung des Art. 15 gegenüber der katholischen Kirche. Abgesehen von der gänzlichen Aufhebung des placetum regium, von der Gewährung des ungehinderten freien Verkehres der geistlichen Oberen mit dem Klerus, der Gestattung der Synoden, der Aufhebung des Ernennungs-, Vorschlags-, Wahl- und Bestätigungsrechtes bei Besetzung kirchlicher Stellen, soweit nicht besondere Rechtstitel vorliegen (Art. 16. 18 der Verfassung), sind in Folge allgemeiner Anweisung oder der von einzelnen Königl. Oberpräsidenten unter ministerieller Genehmigung mit den Bischöfen abgeschlossenen Regulative die bisherigen Befugnisse der Regierungen bezüglich der Beaufsichtigung des Kirchen-, Pfarr-, Beneficial- und Stiftungs-Vermögens auf die Bischöfe übergegangen, letztere als die „geistlichen Oberen" im Sinne des A. L. R. anerkannt und aus dem Grunde weiter für befugt erachtet worden, Autorisationen zu den verschiedenen, das Kirchenvermögen betreffenden Rechtsgeschäften, zu Processen u. s. w. zu geben, das Etats- und Rechnungswesen vorbehaltlich der Patronatsrechte zu leiten und bei kirchlichen Bauten mit den Regierungen zu concurriren. Dem entsprechend sind die Bischöfe ferner in den Besitz der kirchlichen Fonds, der kirchlichen Archivalien, Urkunden und Acten gelangt und es ist denselben überlassen, in Uebereinstimmung mit den allgemeinen Landesgesetzen, sowie den canonischen Vorschriften ihre Administration zu führen. Selbstverständlich hat daneben jede Einwirkung des Staates auf eigentlich innere Angelegenheiten der katholischen Kirche aufgehört, den geistlichen Oberen stehet lediglich die Disciplinargewalt gegenüber den Geistlichen zu und sogar die geistlichen Gerichte sind in nicht völligem Einklange mit § 1 der Verordnung vom 2. Jan. 1849 als eine Art öffentlicher Institution wiederum anerkannt worden.

Hiernach hat sich also der mehrerwähnte Art. 13 gegenüber der katholischen Kirche keineswegs als bloßes Zukunftsprogramm, sondern als eine Bestimmung erwiesen, welche sofort durch einfache Abgabe der Geschäfte Seitens der Regierung an die als legitimirt angenommenen Bischöfe in practische Wirksamkeit gesetzt werden konnte.

Was hindert nun im Gegensatze hierzu die Emancipation der evangelischen Kirche? Man sagt, der Mangel geeigneter Organe derselben. Allerdings kann nicht bestritten werden, daß die evangelische Kirche wegen ihrer vielfachen Verwachsung mit dem Staate keine so selbstständige Organisation, wie die katholische besitzt. Gleichwohl ist die evangelische Kirche in Preußen als eine vom Staate verschiedene Corporation von jeher vorhanden gewesen und als Corporation besitzt dieselbe auch selbstständige Organe, mit denen ein Dritter in Verbindung treten kann, mögen erstere auch noch so mangelhaft beschaffen sein. Wenn der Katholik die Kirche als Stiftung auffaßt, so waltet nach der evangelischen Anschauung das corporative Element in der Kirche überwiegend vor. Die corporative Gemeinde bildet die Grundlage der evangelischen Kirchenverfassung. Dieser Satz hat selbst im Allgemeinen Landrechte Anerkennung gefunden. Das Landrecht kennt keine Kirche als Stiftung, sondern nur Kirchen g e s e l l s c h a f t e n (§ 11 Tit. 11 Thl. 2). Die Kirchengesellschaft soll zwar nach § 45 ihren Mitgliedern keine Glaubensgesetze wider ihren Willen aufdringen, aber z. B. unter Bestätigung des Staates wegen der äußeren Form und Feier des Gottesdienstes dienliche Ordnungen einführen (§ 46); die einzelne Kirchengesellschaft kann im Mangel eines Patrones den Pfarrer wählen (§ 353 ff.), niedere Kirchendiener bestellen (§ 562), durch ihre Vertreter die Vermögens-Verwaltung führen (§ 618 ff. 647) u. s. w. Die Kirchengesellschaft hat nach dem Landrechte bereits auch eine bestimmte Verfassung. Kirchencollegia, gebildet aus Pfarrer und Vorstehern, nehmen die äußeren Rechte der ersteren wahr, und in besonderen außerordentlichen Angelegenheiten werden von der Gemeinde Bevollmächtigte oder Repräsentanten gewählt (§§ 156 ff. Kab. - Ordre v. 9. Mai 1829, Ges. vom 25. Jan. 1846). Noch kürzlich hat der Allerh. Erlaß vom 27. Febr. 1860, welcher die kirchliche Gemeinde in ihrer Organisation weiter fortzubilden bestimmt ist, in Uebereinstimmung hiermit indirect anerkannt, daß die Grundlage und Hauptsäule der Verfassung der evangelischen Kirche auch in den östlichen Provinzen des Staates die Gemeinde ist. Wenn dies nun nicht geläugnet werden kann, so fehlt es nicht an einem Wege, den Art. 15 der Verfassung in Ausführung zu bringen. Man knüpfe nur bei den Gemeinden an und erschaffe aus ihnen heraus ohne Ueberstürzung, aber das Ziel fest im Auge, die etwa noch weiter erforderlichen Organe, denen im Einklange mit Art. 15 der Verfassungs-Urkunde die fernere kirchliche Organisation und Selbstverwaltung zu überlassen ist. Diesen Weg, welcher bei einem thatkräftigen Vorgehen bereits zum Ziele geführt haben dürfte, hat nach längerem Zögern endlich die Allerh. Kabinets - Ordre vom 27. Febr. 1860 beschritten, wie mit besonderem Danke auch dem damaligen Minister von Bethmann - Hollweg gegenüber anerkannt werden muß. Gemäß den wahrhaft Königlichen Worten dieser Ordre wird „in der Durchführung der kirchlichen Gemeinde-Ordnung die wesentliche Vorbedingung für die der Landeskirche zu wünschende und von ihr zu erstrebende Selbstständigkeit" erkannt.

Freilich hat die lange Zögerung in Ausführung des Art. 15 der Verfassungs-Urkunde gegenüber der evangelischen Kirche mit Nothwendigkeit auf der anderen Seite eine gewisse Ungeduld hervorrufen müssen und man hat neuerdings in offenbarer Anwandlung dieser Ungeduld wiederholt die Frage aufgeworfen, ob nicht die einzelnen Kirchengesellschaften ihrerseits nach der Verfassung befugt seien, einen Generalconvent selbstständig zu beschließen und zu beschicken, mit anderen Worten: eine constituirende General-Synode ohne jeden weiteren Anstoß von außen in's Leben zu rufen, durch die Synode eine Verfassung beschließen zu lassen und die Rechte der Kirche vermittelst der selbst geschaffenen Organe an sich zu ziehen. Man wird indeß von vorn herein zugestehen müssen, daß, jene Befugniß wirklich vorausgesetzt, es schon aus reinen Zweckmäßigkeitsgründen einer reiflichen Erwägung bedürfen würde, ob namentlich bei dem bisher mangelnden Zusammenhange der einzelnen Kirchengesellschaften in den östlichen Provinzen von einer solchen Befugniß im Interesse der evangelischen Kirche Gebrauch zu machen wäre. Hiervon abgesehen, würde aber auch die rechtliche Zulässigkeit eines solchen Verfahrens entschieden zu verneinen sein. Wenn nach Art. 110 der Verfassung die bisherigen, mit dem Kirchenregimente betrauten Behörden vorläufig fortbestehen sollen, so setzt schon der Wortlaut dieser Bestimmung, wenn nicht die Initiative, so doch jedenfalls eine Mitwirkung des bisherigen Kirchenregimentes bei der Umbildung der Kirche voraus. Diese Auffassung wird auf das entschiedenste durch die Kammerverhandlungen über die octroyirte Verfassung bestätigt. Um hier nicht zu weitläufig zu werden, sollen nur einige Hauptstellen der Debatten wörtlich mitgetheilt werden. In der Sitzung der ersten Kammer vom 5. October 1849 erklärte zunächst der damalige Kultus-Minister v. Ladenberg:

„Die katholische Kirche hat in dieser Beziehung ihre Repräsentation, und die erforderlichen Einleitungen ihr gegenüber sind getroffen, die evangelische hat sie noch nicht. Die großen

Schwierigkeiten der Ordnung dieser Repräsentations-Verhältnisse liegen vor Augen und ist hier bereits die Rede davon gewesen. Es wird die Aufgabe der Regierung sein, diese Schwierigkeiten den Verhältnissen entsprechend zu lösen und nicht eher zu unterhandeln, bis die Legitimation gehörig feststehet und der Regierung die nöthigen Garantien gegeben sind."

Die Debatte in der zweiten Kammer gab am 9. November 1849 zu folgenden Aeußerungen des Kultus-Ministers Veranlassung:

„Was in dieser Beziehung zunächst die religiösen Verhältnisse betrifft und zwar zuerst die der evangelischen Kirche, so trat der Regierung in dieser Beziehung eine besondere Schwierigkeit entgegen, nämlich die, daß die Behörden der Kirche bisher nicht eigentlich kirchliche, sondern daß sie Staatsbehörden waren, und daß es nunmehr darauf ankam, den Uebergang derjenigen Rechte und Freiheiten, welche der evangelischen Kirche gewährt werden sollten, in solcher Weise vorzubereiten und zu vollenden, daß der Regierung zugleich die Garantie dafür gegeben wurde, daß das Kirchenregiment zunächst in eine Hand gelegt werde, die legitimirt und geeignet ist, das Wohl der Kirche zu wahren, ohne die Zwecke des Staates zu verletzen. Das Nächste, was geschehen mußte war, daß man den verantwortlichen Minister außer Beziehung setzte zu den inneren evangelischen Kirchenangelegenheiten."

Als fernere Aufgabe der Staatsregierung bezeichnete der Minister „die Einreihung der Kirche in ihre Selbstständigkeit und in die ihr verliehenen Rechte" und fuhr alsdann fort:

„Diese Aufgabe wird große Schwierigkeiten darbieten, wie schon die bis jetzt getroffenen Einleitungen zu ihrer Lösung zeigen. Der Legitimationspunkt insbesondere unterliegt großen Bedenken, die Regierung wird aber nichts unversucht lassen, durch das Schaffen einer genügenden Legitimation die Kirche zufrieden zu stellen, während sie auf der anderen Seite in ihrem Interesse und in dem der Kirche vor solcher Legitimation Befugnisse nicht aus der Hand geben wird, deren Aufgeben sie sonst nicht rechtfertigen könnte."

Seitens des Abgeordneten Jubel war zum damaligen Art. 12, dem jetzigen Art. 15 der Verfassungs-Urkunde, ein Uebergangs-Artikel dahin vorgeschlagen:

„das landesherrliche Kirchenregiment hat die Ueberleitung der evangelischen Kirche zu einer selbstständigen Verfassung herbeizuführen, damit sie die ihr im Art. 12 (Art. 15) überwiesenen Rechte übernehmen und ausüben könne."

Jubel schloß am 10. Nov. 1849 seine zur Begründung dieses Artikels gehaltene Rede mit den Worten:

„Das ist eben die Pflicht, die uns obliegt, daß wir nicht eher aus unserer Hand in die Hand der evangelischen Kirche alles das übergehen lassen, was ihr der Staat bisher zu leisten schuldig gewesen, als bis wir wissen, daß sie selbstständig ist in ihrer Verfassung; damit sie aber nicht auseinander falle, ist es unsere Pflicht, daß sie es bald werde."

In derselben Sitzung erwiderte der Staatsminister von Ladenberg:

„Ich habe mir bereits gestern erlaubt, wenn ich mich nicht irre, anzudeuten, daß die Regierung gesonnen sei, ihre Rechte nur in vollständig legitimirte Hände abzugeben, und ich glaubte, mit diesem Ausspruche der hier ausgesprochenen Besorgniß schon zu begegnen. Wenn dies nicht geschehen ist, so versichere ich hier nochmals, daß die Staatsbehörden nicht eher ihr Recht aus den Händen geben werden, bis — wenngleich dies sehr schwierig ist — in vollständig geordneter und in einer Weise, die der allerstrengsten juristischen Prüfung unterliegen wird, sich ihnen kirchliche Behörden gegenüber stellen, denen sie mit Vertrauen das geben können, was sie abliefern sollen."

Und weiter am 14. November 1849 auf eine Rede des Abgeordneten Eckstein:

„Der geehrte Redner hat darauf aufmerksam gemacht, daß es eine Verpflichtung für die noch bestehenden kirchlichen Staatsbehörden sei, dafür zu sorgen, daß auf das baldigste die Ueberleitung der Verwaltung und die Selbstständigkeit der Kirche stattfinde. Meine Herrn! Ich habe darauf zu erwidern, daß die Einleitungen, so weit sie bis jetzt schon getroffen werden konnten, allerdings in der Arbeit begriffen sind. Mit Sicherheit lassen sich indeß diese Einleitungen erst dann treffen, wenn die Verfassungs-Urkunde durch die Revision festgestellt sein wird, denn die Grundsätze, welche aus dieser Feststellung hervorgehen werden, sind die Fundamente der Einleitungen. Sobald diese Feststellung erfolgt ist, wird es an dem raschen Fortschritt nicht fehlen; es ist die Pflicht der Regierung dafür zu sorgen. Es wohnt mir daher auch nicht der mindeste Zweifel gegen die Annahme des in dieser Beziehung vorgebrachten Amendements bei (Uebergangs-Artikel von Jubel); indem ich aber das, was darin gefordert wird, als eine Verpflichtung der Regierung anerkenne, halte ich es von meinem Standpunkte für unnöthig."

Gleichwohl wurde am 14. November 1849 der von Jubel vorgeschlagene Uebergangs-Artikel mit 174 gegen 117 Stimmen von der zweiten Kammer angenommen.

In der ersten Kammer erhielt indeß am 12. December 1849 der Artikel nicht die Genehmigung, nachdem der Berichterstatter geäußert hatte:

„Einerseits ist der Ausdruck „landesherrliches Kirchenregiment" zweifelhaft erschienen, da er so ausgelegt werden könnte, als sei dies Kirchenregiment etwas von der Staatsregierung Verschiedenes, womit viele nicht einverstanden sein würden und andererseits ist anerkannt worden, daß es dieses Artikels nicht bedürfe, da es sich wohl von selbst verstehe, daß der Staat sich nicht ohne Weiteres von der evangelischen Kirche lossagen könne, sondern deren selbstständige Gestaltung erst vermitteln müsse. Einige fürchten auch, daß dieser Artikel so verstanden werden könne, als solle der Staat allein der evangelischen Kirche eine vollständige Kirchenverfassung geben, was wieder sehr Vielen nicht erwünscht sein würde."

Auch die zweite Kammer ließ später den Artikel als einen transitorischen, mit Rücksicht auf die Erklärung des Ministers v. Ladenberg, wonach die Staatsregierung den Inhalt des Artikels als eine Verpflichtung der Regierung anerkenne, fallen.

Nach diesen Verhandlungen über den Art. 15 der Verfassungs-Urkunde wird es nicht zweifelhaft sein können, daß der in Vorschlag gebrachte Weg eines selbstständigen Vorgehens der preußisch-evangelischen Kirche nach dem Gesetze sich nicht rechtfertigen läßt. Ebenso unzweifelhaft muß es aber erscheinen, daß dem bisherigen Kirchenregimente die rechtliche Verbindlichkeit obliegt, ohne Zögern und Schwanken auf die Herstellung der noch weiter nothwendigen rein kirchlichen Organe Bedacht zu nehmen, damit durch diese der Ausbau der Kirchenverfassung durch eigene That der Kirche ermöglicht und der Art. 15 der Verfassung zur Wahrheit werde. Der begonnenen Gemeinde- und Kreis-Synodal-Organisation dürfte lediglich durch Berufung einer Landes-Synode der erforderliche Abschluß gegeben werden können und die Behauptung scheint nicht unbegründet zu sein, wonach nur durch Herstellung einer solchen Synode zur endlichen Ausführung des Art. 15 zu gelangen ist. Schon das Rescript vom 2. Januar 1817 stellt auf Grund Allerh. Ordres vom 27. Mai und 27. November 1816 die nahe Berufung einer allgemeinen Synode in Aussicht und schließt mit den denkwürdigen Worten:

„Das Ministerium des Inneren freut sich um so mehr mit dem Eintritt des dritten Jubeljahres der Reformation eine solche Aussicht wirksamer Hülfe für die Kirche der evangelischen Geistlichkeit eröffnen zu können, da es zu dieser das feste Vertrauen hegt, sie werde überzeugt sein, daß die beste Hülfe aus ihrer eigenen Mitte hervorgehen müsse und da es zuversichtlich hofft, mit dem bis zu einer General-Synode bestimmten Zeitraume würde die Stimme der frömmsten und weisesten unter ihr sich geltend machen und es werde sich offenbaren, daß der Geist, welcher die Reformatoren trieb und beseelte, noch auf der evangelischen Kirche ruht **und bei diesem großen Anlaß neues und höheres Leben bewirken wird.**" Die wenig weitreichenden Erfolge der damaligen Versuche in Rücksicht des **ganzen** Staates, die erneuerte Berufung der Kreis- und Provinzial-Synoden in den Jahren 1843 u. 1844, die Resultate der auf Grund Allerh. Kabinets-Ordre vom 20. März 1846 berufenen Landes-Synode sind bekannt, aber erneut und fast allgemein hat sich die Ueberzeugung befestigt, daß der Ausbau der Verfassung der evangelischen Kirche ein von **Innen** heraus zu bewirkender sei, wie 1849 noch officiell ausgesprochen wurde, daß „die Kirche sich selber über ihre Verfassung zu einigen und diese durch eigene That zu erzeugen habe."

Es ist bisher nur von der evangelischen Kirche in Preußen im Allgemeinen die Rede gewesen; die Verhältnisse der rheinisch-westphälischen Kirche erheischen aber noch eine besondere Erörterung. Wenn in den östlichen Provinzen durchschnittlich nur die Gemeinde und zwar eine durch das Patronatrecht vielfach verkümmerte Verfassung besitzt, so ist bekanntlich in Rheinland und Westphalen durch die Kirchenordnung vom 5. März 1835 eine umfassende Organisation der Kirche erfolgt. Die Einzelgemeinden sind zu Kreisgemeinden, die Kreisgemeinden zu Provinzial-Gemeinden vereinigt und jede dieser Gemeinden besitzt eine genau gegliederte vollständige Vertretung. In diesen Vertretungen sind bereits Organe vorhanden, um nach Erklärung der Unabhängigkeit der Kirche die kirchlichen Angelegenheiten selbstständig verwalten und ordnen zu können, um, wenn dies für nothwendig erachtet wird, nach Abwerfung des bisher mit der Presbyterial- und Synodal-Verfassung combinirten Consistorial-Systemes die erstere rein zur Durchführung zu bringen. Als daher der Art. 15 der Verfassungs-Urkunde Gesetzeskraft erlangt hatte, fand dieses Gesetz in Rheinland und Westphalen die evangelische Kirche in derselben Lage wie die katholische Kirche, nämlich fähig und bereit, die Selbstverwaltung ihrer Angelegenheiten zu übernehmen. Mit Recht beschäftigten sich daher die Synoden zu Ende der 40er und zu Anfang der 50er Jahre mit der Ausführung des Art. 15 der Verfassung und ließen durch eine gemeinschaftliche Kommission eine den veränderten Verhältnisse entsprechende Kirchen-Ordnung ausarbeiten. Die desfallsigen Beschlüsse haben bekanntlich die Genehmigung des Landesherren nicht erhalten, so daß auch in Rheinland und Westphalen der Art. 15 der Verfassung noch der Vollziehung harrt. Mit Rücksicht auf diese Verzögerung sind neuerdings auch in unseren Gemeinden Stimmen laut geworden, welche es tadeln, daß die Provinzial-Synoden die General-Superintendenten als Königl. Commissare zulassen und zugelassen haben, daß die Synoden ihre Beschlüsse von einer höheren Bestätigung abhängig machen und abhängig gemacht haben, und welche mit einem gewissen Ungestüm fordern, daß die Synoden in kirchlichen Angelegenheiten ihre Souverainität sofort geltend machen und sich die Rechte nehmen, welche der Kirche verfassungsmäßig garantirt sind.

Diesen Anschauungen und Bestrebungen dürfte indessen entgegen zu treten sein. Es war zunächst vollkommen correct, daß die Synoden auch nach Erlaß der Verfassung Königl. Commissare zuließen und ihre Beschlüsse zur Bestätigung vorlegten, daß die Presbyterien der Einzelgemeinden den Regierungen und Consistorien gegenüber in gleicher Weise verfuhren, da nach Art. 110 der Verfassung die bestehenden Behörden vorläufig in ihrer Thätigkeit zu verbleiben hatten. Nicht durch einen Beschluß der Synoden, welcher für jene Behörden keinerlei zwingende Kraft besaß, sondern nur durch Anweisung des Landesherren konnten und können Ministerium, Consistorien und Regierungen u. s. w. zur Einstellung ihrer Wirksamkeit veranlaßt werden. So lange eine solche Anweisung fehlt, bleiben dieselben competent, und ein Pfarrer ist ohne Bestätigung des Consistoriums ebenso wenig zu einer Gemeinde als wirksam berufen anzunehmen, als der Kirchenacker gültig veräußert erscheint, wenn die Genehmigung der Regierung fehlt. Ein einseitiges Vorgehen der Provinzial-Synoden führt daher nicht zum Ziele. Die Mitwirkung des Landesherren bleibt vielmehr auch in Rheinland und Westphalen zur Uebergabe der Geschäfte der bisherigen Behörden an die Kirche erforderlich. Wie sollen aber bei dieser Rechtslage die Synoden handeln? Sollen sie sich, wie weiter vorgeschlagen wird und theilweise auch geschehen zu sein scheint, an den Landtag wenden? Auch das nicht, denn möchte immerhin der Landtag insofern hier für competent erachtet werden, als es ihm obliegt, die Ausführung des Art. 15 der Verfassung zu überwachen, also dahin zu wirken, daß der Staat in dem verfassungsmäßigen Verhältnisse zur Kirche stehe, so geziemt es sich dennoch für die Kirche, in dieser Frage ihre Anträge und Bitten nur an den preuß. König zu richten. Als höchster Wächter des Gesetzes und bisheriger Schirmherr der Kirche wird Er derselben ihr natürliches und verfassungsmäßiges Recht nicht vorenthalten; fortwandelnd auf der ruhmvollen Bahn seiner Ahnen wird der König gewiß aufs Neue beweisen, wie nahe seinem Herzen die evangelische Kirche stehet, deren erstes Glied Er Selber ist. Mögen daher die Synoden nicht müde werden, ihre Anträge und Beschlüsse dem Könige aufs Neue vorzulegen; die rheinisch-westphälische Kirche wird und muß auf diesem Wege das Ziel erreichen. Mit um so größerer Ueberzeugung darf dies hier ausgesprochen werden, als die Ausführung des Art. 15 der Verfassung gegenüber der rheinisch-westphälischen Kirche von der Ausführung jenes Artikels in den östlichen Provinzen unabhängig erscheint, als der durch eine besondere Ordnung bereits organisirten Kirche der Provinzen Rheinland und Westphalen an sich ein Recht darauf zukommt, daß die Beschlüsse einer Landes-Synode nicht ohne Zustimmung ihrer gesetzlich geordneten Vertretung in Rheinland und Westphalen in Wirksamkeit treten. Voraussetzung der völligen Organisation der evang. Kirche Preußens bildet demnach die Durchführung des Art. 15 der Verfassung gegenüber der rheinisch-westphälischen Kirche, welche letztere nur im Wege freier Zustimmung sich der von der Landes-Synode zu gebenden Verfassung zu unterwerfen hat und andererseits bis zu einem solchen Anschlusse als ein besonderer unabhängiger corporativer Verband betrachtet werden muß.

Bis hierher, verehrte Anwesende, ist von mir zu zeigen versucht worden, daß der Art. 15 nicht eine theoretische Principien-Spielerei, sondern ein wirksames Gesetz ist, es wird nunmehr auf den Versuch ankommen, jene andere Meinung zu widerlegen, nach welcher der Art. 15 der Verfassung auch der evangelischen Kirche gegenüber bereits zur Ausführung gekommen sein soll. Man behauptet, die Verfassung habe das landesherrliche Kirchen-Regiment gar nicht berührt, dasselbe vielmehr vollständig erhalten und nur von den constitutionellen Staatsgewalten unabhängig gestellt. Der evangelische Landesherr regiere, unabhängig von den Staatsgewalten, als membr. praecipuum die evangelische Kirche; bei Ihm beruhe fortgesetzt gesetzlich das Kirchenregiment, welches Er durch Seine Behörden ausüben lasse. Diese Behörden seien als Organe des Trägers der Kirchengewalt auch wahre Organe der Kirche selbst. Zunächst gehet aus der bisherigen Erörterung im Gegensatze hierzu hervor, daß bei Erlaß und Genehmigung der Verfassung die Ansicht vorwaltete, das bestehende Kirchenregiment habe die rechtliche Verpflichtung der Kirche zur Schaffung besonderer Organe aus ihrem Schooße heraus Veranlassung zu geben, damit diese Organe die ersterer garantirte Selbstverwaltung zu übernehmen im Stande seien. In der Fortdauer des bestehenden Kirchenregimentes erkannte man also nicht die Unabhängigkeit der Kirche; man garantirte der Kirche als solcher ihre Selbstständigkeit, keineswegs schrieb man vor, daß der Landesherr in Staatsangelegenheiten den Beschränkungen der Verfassung, in Angelegenheiten der Kirche aber nur seinem eigenen Gewissen unterworfen sein solle. Die Kirche sollte selbstständig sein. Dieser Wille des Gesetzgebers dürfte um so weniger zweifelhaft erscheinen, wenn man von allen Vorurtheilen frei erwägen will, daß die Kirchen-Gewalt, welche von den Landesherren in bald größerem, bald geringerem Umfange bezüglich der evangelischen Kirche ausgeübt worden ist, denselben als Trägern der Staatsgewalt zugestanden hat und noch zustehet. Man mag sich noch so weit in die Theorien der verschiedenen Systeme vertiefen und aus denselben deduciren, der Satz dürfte wahr bleiben, daß jene kirchlichen Rechte nur auf den Landesherren als solchen übergegangen sind.

Es soll hierbei gar nicht einmal das sogenannte Territorialsystem zu Hülfe genommen werden, da es allerdings als richtig nicht anerkannt werden kann, daß die Staatsgewalt die ursprüngliche Quelle der Kirchengewalt bildet und letztere aus er steter hervorgegangen ist. Die bereits gesondert bestehende Kirchengewalt ging vielmehr auf die Staatsgewalt der Art über, daß die Kirchengewalt fortan ein zufälliges Staatshoheitsrecht bildete, welche der Staat, wie Vergangenheit und Gegenwart hinlänglich beweisen, wiederum völlig aufgeben konnte, ohne sich dabei eines wesentlichen Hoheitsrechtes zu entäußern. „Geistliche Gewalt hat Befehl das Evangelium zu predigen und Sacramente zu reichen," sagen die Reformatoren, indem sie die sonstigen Gewalten und Jurisdictionsrechte der Bischöfe dem weltlichen Arme zufallen lassen. Unter theilweiser Mitwirkung und dem Schutze dieses weltlichen Armes, bei der durch den Reichsabschied zu Augsburg und den Osnabrücker Friedensvertrag suspendirten Kirchengewalt der katholischen Bischöfe den augsburgischen Confessionsverwandten gegenüber erstand die evangelische Kirche in fortdauernder Anlehnung an den Staat und die höchsten Träger der Staatsgewalt. Ein recht charakteristischer Belag für diesen Uebergang eines Theiles des ius episcopale auf die Landesherren als solche liegt offenbar in dem Umstande, daß nicht nur evangelische, sondern auch katholische Landesherren für sich die Stellung als Bischöfe der evangelischen Kirche in Anspruch nahmen. Churfürst Carl Philipp von der Pfalz sagt 1719:

> „Darin wird mir Jedermann recht geben, wann mich bei demjenigen, so mir als Landesfürsten vermöge sothanen Besitzes und denen Rechten und heilsamen Reichssatzungen zukommt, als unter anderen dem der landesfürstlichen Hoheit dem westphälischen Friedensschlusse gemäß anklebenden iuri episcopali" u. s. w.

In dem königlich baierischen Edicte vom 26. Mai 1818 § 11 heißt es:

> „Der Wirkungskreis des Oberconsistoriums, sowie der untergeordneten Consistorien in den Kreisen ist demnach beschränkt auf die Gegenstände der inneren Kirchenpolizei, auf die Ausübung des mit der Staatsgewalt verbundenen Episcopates und der Leitung der inneren Kirchenangelegenheiten."

In dem baierischen Decrete vom 18. Juli 1822 gibt der katholische König die Bestimmung:

„Welche Mittelorgane den oberen Kirchenbehörden beigegeben werden sollen, darüber kommt die Bestimmung lediglich Uns vermöge des obersten Episcopates über die protestantische Kirche zu.“

Wenn ferner beispielsweise es nicht bekannt geworden ist, daß die ehemaligen Churfürsten von Sachsen durch ihren Uebertritt zur katholischen Religion ihre Qualität als Träger der Kirchengewalt gegenüber der evangelischen Kirche oder das Directorium im corpus evangelicorum verloren haben; wenn es fest stehet, daß durch den Religionswechsel der Landesherren hier und da wohl die directe Ausübung des Episcopalrechtes suspendirt, niemals aber dessen Verlust bewirkt worden ist und die directe Ausübung jener Rechte nicht einmal eine Beschränkung durch Uebertritt des Landesherren von der lutherischen zu der reformirten Confession erlitten hat, wenn endlich juristische Personen, wie z. B. Reichsstädte, die Episcopalrechte gerade wie die Landesherren in Anspruch genommen und ausgeübt haben, so dürfte es wahr sein, daß die Kirchengewalt dem Landesherrn als obersten Träger der Staatsgewalt, als Obrigkeit, zustehet und daß daher die Emancipation der evangelischen Kirche vom Staate auch das Aufhören des bisherigen Kirchenregimentes in sich begreift. Die neuerdings vielfach aufgestellte Theorie von membrum praecipuum erweist sich demnach als nicht stichhaltig. Oder sollten in der That gerade die Lutheraner den reformirten Landesherren als membrum praecipuum ihres Bekenntnisses angesehen haben, vom katholischen Landesherren ganz hier zu geschweigen?

Wird hiermit das preußische Allgemeine Landrecht verglichen, so dürfte schon an sich die Vermuthung gerechtfertigt sein, daß die in Halle und Frankfurt (Thomasius, Wolff, Böhmer, Nettelbladt) gebildeten Redactoren dieses Gesetzbuches sogar dem Territorialsysteme huldigen würden. In der That kann denn auch mit Entschiedenheit mindestens die Behauptung aufgestellt werden, daß sowohl die Kirchenhoheit als die davon unterschiedene Kirchengewalt nach dem Allg. Landrechte nur dem Staate und dem Landesherren als dem Oberhaupte des Staates beigelegt sind (Theil 2 Titel 13).

Einige Beispiele aus dem A. L. R. werden hierüber nähere Aufklärung geben. Es heißt nämlich im A. L. R. Th. 2 Tit. 11 sowohl bezüglich der Kirchenhoheit als der eigentlichen Kirchengewalt: „Die Privat- und öffentliche Religionsübung einer jeden Kirchengesellschaft ist der Oberaufsicht des Staates unterworfen.“ (§ 32).

„Nur der Staat hat das Recht“ zu entscheiden, ob eine Kirchengesellschaft „ihren Mitgliedern Ehrfurcht gegen die Gottheit“ einflößt (§§ 13. 15).

„Die Anordnung öffentllicher Bet- Dank- und anderer außerordentlicher Festtage hängt allein vom Staate ab.“ (§ 34.)

„Der Staat“ prüft die von einer Kirchengesellschaft wegen äußerer Form und Feier des Gottesdienstes entworfenen „dienlichen Ordnungen.“ (§ 47.)

„Wenn über die Rechtmäßigkeit der Ausschließung eines Mitgliedes einer Kirchengesellschaft Streit entstehet, so gebührt die Entscheidung dem Staate.“ (§ 56.)

Die Geistlichen sind „Beamte des Staates.“ (§§ 96. 19.)

„Nur der Staat kann bestimmen, zu welcher der verschiedenen Kirchengemeinden seiner eigenen Religionspartei jeder Einwohner als ein beitragendes Mitglied gerechnet werden soll.“ (§ 111.)

„Die dem Staate über die Kirchengesellschaften nach den Gesetzen zukommenden Rechte werden von dem geistlichen Departement insofern verwaltet, als sie nicht dem Oberhaupte des Staates ausdrücklich vorbehalten sind.“ (§ 113.)

Sämmtliche Consistorien der Protestanten stehen unter der Oberdirection des dazu verordneten Departements des Staats-Ministeriums. (§ 145.)

„Das Kirchenvermögen und Pfarrvermögen (§ 618) stehet unter der Oberaufsicht und Direction des Staates.“ (§ 161.)

„Keine Kirchengesellschaft kann ohne ausdrückliche Genehmigung des Staates liegende Gründe an sich bringen.“ (§ 194.)

„Grundstücke und Gerechtigkeiten, die einer Kirche gehören, können ohne ausdrückliche Genehmigung des Staates nicht veräußert werden.“ (§ 219).

Das Kirchenpatronat wird durch die Verleihung des Staates erworben (§ 573).

Also der Staat wird sogar als die Quelle des Kirchenpatronates gedacht. Gewiß ein characteristischer Satz, um so interessanter, als die Materialien des A. L. R. uns bei dieser Vorschrift die Niederlage des hier für die Selbstverwaltung der Kirche kämpfenden Haupt-Redactors des A. L. R. zeigen. Suarez behauptete:

> „Die Kirchengesellschaft hat alle iura collegialia einer anderen Korporation. Sie kann sich ihre Vorsteher und Beamte, ingleichen die administratores ihres Vermögens wählen. Sie exercirt und vertheidigt diese ihre äußeren Rechte. Ihre innere Angelegenheiten regulirt sie in ihren Zusammenkünften nach der Mehrheit der Stimmen. Dies ist die Regel. — Der Patron exercirt nicht Rechte des Staates; diese könnte er freilich von Niemand anderem, als vom Staate haben. Er exercirt Rechte der Gemeinde. Diese kann ihm der Staat nicht geben, ohne sie vorher der Gemeinde zu nehmen. Die Geschichte lehret, daß Kirchen und Kirchenpatrone existirt haben, ehe der Staat sich um die Kirche bekümmert und bekümmern durfte. Die Kirchengesellschaft ist auch älter, als der größte Theil unserer heutigen deutschen Staaten. — Alle Rechte der Unterthanen im Staate unmittelbar vom Staate deriviren zu wollen, führt auf äußerst gefährliche Folgerungen,“

aber die Meinung des Staatskanzlers „wo kein Particulier zum Patron bestellt ist, da wird der Landesherr selber qua talis in Ansehung dieser Kirche gelten“ siegte im Wesentlichen und eine Art von allgemeinem Staatspatronate fand im A. L. R. Anerkennung.

Als Oberhaupt des Staates ist demnach der Landesherr Träger der Kirchengewalt. Dagegen findet sich im ganzen Landrechte keine Stelle, welche darauf schließen ließe, daß dem Landesherren als erstem evangelischen Christen, als dem membrum praecipuum der evangelischen Kirche eine mit der Staatsgewalt gar nicht zusammenhängende Kirchen- oder bischöfliche Gewalt zustehen solle. Wird auf der einen Seite ein solches bischöfliches Recht der evangelischen Landesherren auch mit keiner Silbe im Allgemeinen Landrechte trotz der sonstigen genauen Aufzählung der Rechte des Landesherren erwähnt, so ergeben die Materialien dieses Gesetzbuches, daß, als zu gewissen §§ des ersten Entwurfes das Monitum gezogen war: „Sollte hier nicht des ersten Grundsatzes des protestantischen Canonischen Rechtes gedacht werden, nach welchem der Landesherr das sumum ius circa sacra nicht iure episcopali sondern superioritatis territorialis ausübt“, dieses Monitum aus dem Grunde nicht angenommen wurde, weil

> „der protestantische Landesherr iure superioritatis territorialis keine mehreren Rechte in Absicht der Religion, als ein jeder andere Regent hat. Sollte er in Absicht der protestantischen Religion mehrere Rechte haben, so müßte er sie iure episcopali haben. Ob er sie wirklich habe, adhuc sub iudice lis est.“ „Ob es gut sei, daß er sie sich anmaße oder wirklich habe, ist wohl zu verneinen.“

Die Redactoren haben also ein besonderes bischöfliches Recht des evangelischen Landesherren, welches von der Staatsgewalt getrennt wäre, unbedingt nicht anerkannt.

Die angeführten Gesetzesstellen und Materialien, welche noch vermehrt werden können, genügen zum Beweise, daß das A. L. R. dem Staate und dem Landesherren als dem Oberhaupte des Staates die Kirchenhoheit und das Kirchenregiment beilegt und daß das geistl. Departement und die von ihm dirigirten Consistorien nur die Rechte des Staates verwalten. Könnte hierüber ein Zweifel bestehen, so würde die Richtigkeit dieser gesetzlich begründeten Behauptung aus dem Publicandum v. 16. Dec. 1808 der Verordnung vom 26. Dec. 1808 und derjenigen vom 27. October 1810 hervorgehen. Das geistliche Departement, wie die Provinzial-Consistorien wurden nämlich durch jene Verordnungen aufgehoben und deren Functionen dem Ministerium des Inneren übertragen. „Die Abtheilung für den Cultus und öffentlichen Unterricht, so heißt es in jenen Verordnungen, welche nach ihrer Ueberschrift die veränderte Verfassung der obersten Staatsbehörden betreffen, hat zum Wirkungskreis, alles was als Religionsübung — ein Gegenstand der Fürsorge des Staates ist, Namentlich gehören dahin:

1. Alle Rechte der obersten Aufsicht und Fürsorge des Staates in Beziehung auf Religionsübung (ius circa sacra), wie diese Rechte das A. L. R. bestimmt, ohne Unterschied der Glaubensverwandten;
2. nach Maßgabe der den verschiedenen Religionsparteien zugestandenen Verfassung auch die Consistorialrechte (ius sacrorum) namentlich in Absicht der Protestanten nach Anleitung des A. L. R."

Es leuchtet hiernach von selbst ein, daß das geistl. Departement einschließlich der Consistorien rein als Staatsbehörde aufgefaßt wurde, wie dies nach den Bestimmungen des A. L. R. nicht anders sein konnte. Hatte nun auch der Minister des Inneren in Folge der Cab.-Ordre vom 3. Nov. 1817 betreffend die veränderte Geschäftsführung bei den Oberbehörden das Cultuswesen an den zum geistl. Minister ernannten Freiherrn von Altenstein wiederum abzugeben, weil die Würde und Wichtigkeit der geistl. Angelegenheiten die Wiederherstellung eines besonderen geistl. Ministeriums räthlich machte; rief die Verordnung vom 30. April 1815 (§ 15 ff.) wegen verbesserter Einrichtung der Provinzialbehörden die Consistorien behufs Verwaltung der Kirchen- und Schulangelegenheiten der Protestanten wie Katholiken abermals in's Leben; theilte die Dienst-Instruction für die Consistorien vom 23. Oct. 1817 und die Geschäfts-Instruction der Regierungen die Kirchen- und Schul-Angelegenheiten wiederum unter Consistorien und Regierungen; trennte die K.-O. v. 31. Decemb. 1825 und die Dienst-Instruction für die Oberpräsidenten von demselben Tage die katholischen Kirchen-Angelegenheiten von den Consistorien und schuf im Provinzial-Schulcollegium eine besondere Abtheilung der Consistorien, erweiterte endlich die Cab.-Ordre vom 31. Dec. 1825 und namentlich die Verordnung vom 27. Juni 1845, betreffend die Ressort-Verhältnisse der Provinzialbehörden für das evangelische Kirchenwesen, die Competenz der Consistorien, so wurde dennoch in der Stellung dieser verschiedenen Behörden zum Staate und in den Befugnissen des Staates Nichts verändert, ja jene verschiedenen Organisationen und Umgestaltungen liefern den abermaligen klaren Beweis, daß es sich in allen angeführten Gesetzen nur um Organe des Staates und um Rechte des Staates handelt. Auch die Kirchen-Ordnung für Rheinland und Westphalen muß in dieser Beziehung als Belag angeführt werden. Man lese nur den § 49 derselben, wonach die Provinzial-Synode ihre Beschwerden über Verletzung der kirchlichen Ordnung u. s. w. an die betreffenden „Staats-Behörden" zu bringen, ihre Beschlüsse den „competenten Staats-Behörden" zur Genehmigung vorzulegen, über kirchliche „ihr von der geistlichen Staats-Behörde" zugewiesene Gegenstände Gutachten zu erstatten hat, den § 129, zufolge dessen über Klagen gegen die Mitglieder der Directorien der Kreis- und Provinzial-Synoden die „betreffenden Staats-Behörden" entscheiden und man wird den § 148 nur consequent finden, welcher als Staats-Aufsichtsbehörden das geistl. Ministerium, das Consistorium und die Regierungen bezeichnet und den General-Superintendenten zur Wahrnehmung der Rechte des Staates bei den Verhandlungen der Provinzial-Synode ein für allemal ermächtigt, aber ein besonderes Kirchenregiment des evangelischen Landesherren nicht kennt.

Hiernach rechtfertigt das in den Landesgesetzen begründete Verhältniß der evangelischen Kirche zum Staate die Annahme, daß der Art. 15 der Verfassung auch die Fortdauer des bisherigen Kirchenregimentes ausschließe, und daß folgeweise der Art. 15 der Verfassungs-Urkunde noch der Ausführung bedürfe. Diese letztere Wahrheit, welche dauernd von keiner Seite in Abrede zu stellen sein wird, hat auch in jenem Erlasse Anerkennung gefunden, welcher die erste Grundlage der Existenz des Oberkirchenrathes bildet, da die besondere Ministerial-Abtheilung nur bis zu dem Zeitpunkte fungiren soll, „wann die evangelische Kirche sich über eine selbstständige Verfassung vereinigt haben, mithin der Art. 12 (jetzt 15) der Verfassungs-Urkunde in Vollziehung zu setzen sein wird."

Wenn dieser große folgenreiche Schritt gethan und der Art. 15 der Verfassung zur Ausführung gekommen ist, wie wird sich alsdann endlich das Verhältniß der freien Kirche zum evangelischen Oberhaupte des Staates und zum Staate selbst gestalten?

Die Kirche kann gewiß niemals vergessen, wie Vieles sie dem evangelischen Könige verdankt; als Pflegerin und Lehrerin aller christlichen Tugenden wird sie selbst sich bemühen, in ihrer Gesammtheit jedem einzelnen Gliede auch ein Beispiel und Vorbild der Dankbarkeit zu sein. Die freie Kirche muß daher dem evangelischen Könige stets in Wort und That, soweit Gott es zuläßt, entgegen kommen, und Ihm den schweren Beruf, der ja dem Könige durch Gottes Gnade auferlegt ist, zu erleichtern streben. Aber nicht blos dieser feste Bund soll zwischen dem evangelischen Könige und der evangelischen Kirche bestehen; die Kirche wird auch zur weiteren Kräftigung desselben den König zu bitten haben, daß Er zum Heile der Kirche, zur Bewahrung und Beförderung ihrer Einheit eine hervorragende Stellung in ihrem rechtlichen Organismus einnehme. Diesen Standpunkt hat auch die rheinische Provinzial-Synode wenigstens im Resultate eingenommen, als sie am 13. Nov. 1850 dem evangelischen Könige selbst bei der neuen Verfassung das Recht zusprach, auf Vortrag der obersten Kirchenbehörde die Beschlüsse der Synoden zu bestätigen. Die Synode erhob die Erklärung zum Beschlusse, „daß sie bei ihrer presbyterialen und synodalen Verfassung eine bevorzugte Stellung dem evangelischen Könige in der evangelischen Kirche aus dem Begriffe des membrum praecipuum, aus territorialem und bischöflichem Rechte nicht zuerkennen kann, wohl aber aus dem Gesichtspunkte geschichtlichen Zusammenhanges der Einheit und Freiheit der Entwickelung der Landeskirche, aus dem sittlichen Motive freier Aneignung der Macht und der Liebe des evangelischen Königs zur Kirche, daß sie weiter die Uebung der Rechte des Königs nicht in dem Sinne auffasse, daß die Entschließungen und Entscheidungen des Königs ohne Mitwirkung der obersten kirchlichen Behörden, sondern in Verbindung mit derselben erfolgen, welche selbst zugleich auf dem erklärten Vertrauen der Gemeinde und Synode beruhe."

Man wende hiergegen, wie geschehen ist, nicht ein, daß die Staats-Verfassung eine solche Stellung des Königs nicht zulasse. Das Recht, Synodalbeschlüsse zu bestätigen, bei Besetzung gewisser kirchlicher Aemter zu concurriren, involvirt kein Kirchenregiment, keine Vereinigung der Kirche mit dem Staate in der Person des Staatsoberhauptes, kein Widerspruch mit der presbyterialen Verfassung. Der evangelische König ist ein Glied Seiner Kirche und als Glied der Kirche, nicht als deren Beherrscher wird Er diese Rechte ausüben. Man gedenke hierbei des fast einstimmigen Beschlusses der rheinischen Provinzial-Synode, wodurch der Antrag verworfen wurde: „der constitutionelle König kann eine bevorzugte Stellung in der evangelischen Kirche nicht einnehmen." — Auch gegenüber dem Staate wird andererseits die Emancipation der Kirche nicht den Erfolg haben, daß die evangelische Kirche nunmehr jede Beziehung zum Staate aufzugeben habe. Die Kirche darf und kann sich dem Staate gegenüber niemals gleichgültig verhalten, vielweniger sich von demselben abschließen, wie sie auch auf der anderen Seite stets berechtigt bleiben wird, vom Staate die Förderung christlicher Interessen zu begehren. Der Staat ist nach der Auffassung der Kirche gleichfalls eine Einrichtung Gottes und die Kirche muß gemeinsam mit ihm nach dem Gottesreiche streben, die Kirche muß fort und fort nach dem Ziele ringen, den Staat mit christlicher Sitte und Zucht nach allen Seiten hin zu durchdringen.

Wenn dies das richtige Verhältniß der Kirche zum Staate sein dürfte, so kann dagegen die evangelische Kirche nach Beseitigung der staatlichen Kirchengewalt für die Zukunft dem Staate außer dem allgemeinen keinerlei besonderes Hoheitsrecht der Kirche gegenüber einräumen. Die Kirche muß vielmehr verlangen, soweit ihr die Verfassung nicht eine besondere Stellung garantirt, nach den allgemeinen Gesetzen beurtheilt zu werden. Diese allgemeinen Gesetze sind auch der Kirche gegenüber ausreichend; dieselbe ist nach keiner Seite hin ein der Art staatsgefährliches Institut, daß für den Staat ganz besondere Vorsichtsmaßregeln und Cautelen erforderlich wären. Als juristische Person, im Privatverkehr wird die evangelische Kirche sich vorbehaltlich ihrer verfassungsmäßigen Stellung nach den bestehenden Civilgesetzen zu richten wissen; bei Ueberschreitung ihrer Befugnisse, bei Eingriffen in die Competenz des Staates, bei Vergehen der Kirchen-Beamten und Diener die Anwendung der Gesetze, welche für Jeden im Staate Geltung haben, verlangen, dagegen aber auch auf Grund der Verfassung den Fortfall aller jener vielgestaltigen Rechte, welche aus der Rüstkammer des besonderen Kirchenhoheitsrechtes in der Gestalt des ius protectionis, cavendi, supremae inspectionis, placeti, reformandi u. s. w. so oft hervorgeholt sind, beanspruchen müssen. Die Kirche kennt kein Schutz*recht*, wohl aber eine Schutz*pflicht* des Staates. Diese Schutzpflicht, welche der Staat selbst seinen geringsten Bürgern nicht versagt, gewähre derselbe auch der evangelischen Kirche und erinnere sich dabei, welchen Segen die treuen Dienste derselben täglich und stündlich über alle seine Einrichtungen verbreiten. Man beunruhige sich auch schließlich nicht über den möglichen Fortfall verschiedener Privilegien, welche der Staat mit Rücksicht auf seine Verwachsung mit der evang. Kirche derselben bisher gewährt haben mag. Den fortgesetzten Besitz und Genuß der für Cultus- Unterrichts- und Wohlthätigkeitszwecke bestimmten Anstalten, Stiftungen und Fonds garantirt Art. 15 der evangelischen Kirche. Letztere verbleibt, wie immer auch die Verhältnisse sich gestalten mögen, stets eine Corporation, deren öffentlichen Nutzen der Staat anerkennen muß. Mißt derselbe in diesem Falle mit gleichem Maaße, so wird der kirchlichen Corporation dasjenige nicht verweigert werden können, was Corporationen von nur localem und sachlich weit untergeordneterem Nutzen zu bewilligen nicht angestanden wird. Sollte z. B. der Staat den evangelischen Gemeinden nicht das Recht zugestehen, selbstständig Umlagen auf die Gemeindeglieder zur Deckung der kirchlichen Bedürfnisse der Art auszuschreiben, daß diese Umlagen im Executionswege beigetrieben werden könnten, so würden den evangelischen Gemeinden Rechte vorenthalten, welche das Gesetz vom 28. Januar 1848 § 19 den Deichverbänden gewährt und welche mancher Wiesenverband besitzt (Siegensche Wiesen-Ordnung vom 28. Oktober 1846). Mit Grund wird sich aber auch behaupten lassen, daß sobald die kirchliche Selbstverwaltung eingetreten ist, die Executionsfähigkeit kirchlicher Umlagen, welche gemäß der bestehenden Verfassung ausgeschrieben sind, nach der Allerh. Cab.-Ordre vom 19. Juni 1836 (Gesetz v. 30. Juli 1853 § 1 Nro. 6) auch dann keinem Bedenken unterliegt, wenn selbst die Genehmigung der Umlage Seitens der Regierung fehlt; daß ferner der Mandatsproceß wegen gewisser Forderungen der Kirchenbedienten auch dann zulässig erscheint, wenn das in Nro. 5 der K.-O. vom 19. Juni 1836 vorgeschriebene „Festsetzungs-Decret" von den kirchl. Vorgesetzten ohne Mitwirkung des Staates ausgegangen ist. Die evangelische Kirche wird demnach bei eintretender vollständiger Emancipation vom Staate auch unter dem Schutze der allgemeinen Gesetze ihre Aufgabe nach allen Seiten hin zu erfüllen im Stande sein. Das walte Gott!

Bonn, Druck von Carl Georgi.

FSC
www.fsc.org
MIX
Papier | Fördert
gute Waldnutzung
FSC® C083411

Kolibri 360 GmbH
Ferdinand-Jühlke-Straße 7
99095 Erfurt, Deutschland
produktsicherheit@kolibri360.de